与众不同

(原书第 2 版)

Differentiate or Die:
Survival in Our Era of Killer
Competition

[美]

杰克·特劳特
(Jack Trout)

史蒂夫·里夫金
(Steve Rivkin)

著

——

火华强

译

机械工业出版社
CHINA MACHINE PRESS

Jack Trout, Steve Rivkin. Diffcrentiate or Die: Survival in Our Era of Killer Competition, 2nd Edition.

ISBN 978-0-470-22339-0

Copyright © 2000, 2008 by Jack Trout.

This translation published under license. Authorized translation from the English language edition published by John Wiley & Sons. Simplified Chinese translation copyright © 2025 by China Machine Press.

No part of this book may be reproduced or transmitted in any form or by any means, electronic or mechanical, including photocopying, recording or any information storage and retrieval system, without permission, in writing, from the publisher. Copies of this book sold without a Wiley sticker on the cover are unauthorized and illegal.

All rights reserved.

本书中文简体字版由 John Wiley & Sons 公司授权机械工业出版社在全球独家出版发行。未经出版者书面许可，不得以任何方式抄袭、复制或节录本书中的任何部分。本书封底贴有 John Wiley & Sons 公司防伪标签，无标签者不得销售。

北京市版权局著作权合同登记　图字：01-2008-2453 号。

图书在版编目（CIP）数据

与众不同：原书第 2 版 /（美）杰克·特劳特（Jack Trout），（美）史蒂夫·里夫金（Steve Rivkin）著；火华强译. -- 北京：机械工业出版社，2025.4.

ISBN 978-7-111-77861-5

Ⅰ. F713.50

中国国家版本馆 CIP 数据核字第 2025X2N318 号

机械工业出版社（北京市百万庄大街 22 号　邮政编码 100037）
策划编辑：华　蕾　　　　　　　　　责任编辑：华　蕾　梁智昕
责任校对：赵玉鑫　杨　霞　景　飞　责任印制：常天培
北京联兴盛业印刷股份有限公司印刷
2025 年 5 月第 1 版第 1 次印刷
130mm×185mm・10 印张・2 插页・205 千字
标准书号：ISBN 978-7-111-77861-5
定价：69.00 元

电话服务　　　　　　　　　网络服务
客服电话：010-88361066　　机　工　官　网：www.cmpbook.com
　　　　　010-88379833　　机　工　官　博：weibo.com/cmp1952
　　　　　010-68326294　　金　书　网：www.golden-book.com
封底无防伪标均为盗版　机工教育服务网：www.cmpedu.com

献 给

罗瑟·瑞夫斯

一个以"独特销售主张"而闻名于世界的人,

他是一位真正引领他那个时代的人。

我们之中极少有人认识到

未来的竞争将有多残酷。

前言 DIFFERENTIATE OR DIE

数十年来,我和我的合伙人一直在宣扬做到与众不同的重要性。

- 在《定位》中,做到与众不同意味着在你的预期顾客的心智中实施差异化。
- 在《商战》(*Marketing Warfare*)中,做到与众不同意味着利用一个差异化概念开展防御战、进攻战、侧翼战或游击战。
- 在《简单的力量》(*The Power of Simplicity*)中,做到与众不同意味着差异化就是战略的全部。

做到与众不同是 30 年来我们几乎所有努力的核心。

你可能会认为人们已经理解我们的观点。每个人都忙于在他们的规划中建立"差异化",每个人都有他的差异化概念,对吗?

错!

我们看到的是两种类型的组织。一种组织仍然没有领会到与众不同的重要性,它们仍在依靠"更高质量""更好价值"或老套的"优质产品"作战。它们觉得自己比竞争对手更强,而且认为事实会让它们胜出。

这种组织的身边围满了谈论质量、授权、以客户为导向和各种形式领导力的权威专家。不幸的是,它们所有竞争对手的身边也围满了谈论"你能做得更好"的同一类权威专家。没有任何与众不同之处。

另一种组织已经领会到与众不同的必要性。然而,在受到多次鼓动后,它们承认自己还是不知道该如何实施差异化。它们的借口是:我们的产品或销售队伍同我们的竞争对手相比没有太大差别。

它们往往被鼓吹激励的人所吸引,这些人承诺巅峰绩效、得胜的心态以及有成效的习惯。不幸的是,同一拨人也在激励它们的竞争对手。没有任何与众不同之处。

它们没有从学院派著名人物那里得到太多帮助。比如,哈佛大学的迈克尔·波特,他确实提到过需要一个独一无二的定位,但他从未在如何做到独一无二上提供更多帮助。相反,他谈论的是战略的连续性、深化战略定位以及取舍的权衡。没有任何与众不同之处。

它们的广告公司也好不了多少。这些广告公司谈论建立联系、讨人喜爱、突破和酷,它们谈论的全是技巧而不是科学。没有任何与众不同之处。

本书就是要改变这一切,它概括了实施差异化的许多方法,同时让你避开那些听上去像差异化但实际不是差异化的诱惑。

有了这些知识,你在这个没有怜悯和竞争激烈的世界中将处于一个更有利的位置。这本书会让你的业务大为不同,而且还能带来差异化的成果。

杰克·特劳特

DIFFERENTIATE OR DIE ◎ **目录**

前　　言

第 1 章　**选择的严酷性** / 1

钓鱼进餐 / 3
外出就餐 / 3
选择机会的激增 / 4
医疗服务的选择 / 5
家用电器的选择 / 6
选择正在扩张 / 6
分化定律 / 7
"选择业" / 9
你必须小心 / 11
形势只会更糟 / 13

第 2 章　**品类在不知不觉中走向货品化** / 14

一厢情愿还是事实 / 15
铁的事实 / 16

第 3 章　独特销售主张怎么了 / 22

定义 / 23
争论依然盛行 / 24
我们需要瑞夫斯，他现在在哪儿 / 25
建立品牌的第一步 / 25
人们理解事物的方式 / 27
任何东西都能实施差异化 / 29

第 4 章　更新独特销售主张 / 31

发生了什么变化 / 33
真是"新品"吗 / 34
专利保护真的有效吗 / 34
分析并消灭他们 / 36
并非不可能 / 37
改进、升级并创新 / 37
辣鸡肉和酷音乐 / 38
超越产品和利益 / 39
西奥多·莱维特的警告 / 40

第 5 章　质量和顾客导向极少成为差异化概念 / 41

质量之战 / 43
谁靠质量获胜了 / 44
顾客满意之战 / 44
自行车可以做到 / 45
爱这些里程 / 47

水涨船高 / 48

神话 / 49

满意不等于承诺 / 49

迈克尔·波特醒悟了 / 50

极少情况下可以做到 / 51

第 6 章　广告创意并非差异化 / 53

创意的陷阱 / 54

行业的争论 / 56

为"创意"辩护 / 56

比尔·伯恩巴克的幽灵 / 57

米·乔·格林的幽灵 / 59

塞尔希奥·齐曼觉醒了 / 60

需要信息,而不是广告 / 61

需要差异化,而不是口号 / 62

第 7 章　价格极少成为差异化概念 / 65

廉价胡萝卜的案例 / 67

建立价格优势 / 67

沃尔玛的成功之路 / 68

戴尔的路径 / 69

嘉信理财的路径 / 69

应对低价 / 70

谈谈促销 / 72

大卫·奥格威论价格 / 73

在俄罗斯受到重创 / 74
运动产品零售的艰辛 / 75
终极价格：免费 / 76
以高价作为差异化 / 76

第 8 章　**很难以产品齐全为差异化概念** / 78

品类杀手 / 79
折扣店的加入 / 80
多大是过大？ / 81
更亲近购物者 / 82
瘦身版沃尔玛 / 82
网上的产品齐全 / 83
如果鞋子合脚，你就能在网上卖 / 84
网络挤压 / 85
数码时代的淘金潮 / 85
真正的需求 / 86
一个重要启示 / 86

第 9 章　**实施差异化的步骤** / 88

合理性的力量 / 89
创意和合理性的比较 / 90
谈谈资源 / 95
广告费是昂贵的 / 95
富有的好处 / 96
钢铁电脑公司的倒闭 / 97

第 10 章 差异化产生在心智中 / 98

心智疲于应付 / 100
电子轰炸 / 100
心智容量有限 / 101
心智厌恶混乱 / 102
简单的力量 / 103
心智缺乏安全感 / 104
跟风购买 / 104
心智拒绝改变 / 105
心智会失去焦点 / 106
一些令人吃惊的研究发现 / 107
专业的力量 / 108

第 11 章 成为第一是个差异化概念 / 109

第一仍然是第一 / 111
家庭中也是如此 / 111
为什么第一总能保持第一 / 112
第二位品牌的消亡 / 113
代名词的优势 / 113
说些坏消息 / 114
更多坏消息 / 115
需要一个好概念 / 116
再说个悲惨故事 / 117
被忽视的"首创者" / 118
一个健康的第一 / 119

一个兼并的故事 / 120
做善事第一 / 121
借用的第一 / 121

第 12 章　拥有特性是个差异化概念 / 123

拥有一个特性 / 124
聚焦是关键 / 126
特性并非生来平等 / 126
汽车的特性 / 127
不要放过任何特性 / 128
信用卡的特性 / 129
零售业的特性 / 129
快餐行业的特性 / 130
水的特性 / 131
利用"负面"特性 / 133
新泽西的不失血手术 / 133
纽约州的更小 / 134
马萨诸塞州的更大 / 135
马萨诸塞州的简单 / 136
"环保"是差异化概念吗 / 137

第 13 章　领导地位是个差异化概念 / 139

领导地位的心理学 / 140
占据一个品类 / 141
不要怕吹嘘 / 142

我们赞同的领导品牌 / 143
不同形式的领导地位 / 144
领导地位是个平台 / 145
领导地位的优势 / 146
棒棒糖领导者 / 147

第 14 章　经典是个差异化概念 / 149

经典的心理学 / 151
领导地位的替代品 / 151
延续经典 / 152
政治和法律中的经典 / 154
回归经典 / 154
DDB 想回归经典 / 155
更新经典 / 156
地域经典 / 157
家族经典 / 160
经典里程碑 / 161
代表人 / 162

第 15 章　市场专长是个差异化概念 / 163

学到的一个教训 / 164
大牌子软弱无力 / 165
零售业也是如此 / 166
专家品牌拥有的武器 / 167
成为专家 / 168

一个出版商的梦想 / 168
成为品类代名词 / 169
现在说说负面消息 / 169
警惕 CEO 的嗜好 / 170
如实传播专长 / 171
专家太多 / 171

第 16 章　最受青睐是个差异化概念 / 173

从众行为 / 174
社会认同 / 175
英国的雨伞 / 176
智利的啤酒 / 176
受青睐战略 / 177
有争议的受青睐 / 178
受青睐要站得住脚 / 179
获得 J.D. Power 公司的认可 / 180
合乎道德的受青睐 / 181
运动鞋中的受青睐 / 181
效仿精神 / 182
"适合"的重要性 / 183
中国人喜欢英雄 / 184
一个练习：让酒店受青睐 / 184

第 17 章　制造方法可以成为差异化概念 / 186

神奇成分 / 187

高科技成分 / 189
让差异化变得惹人注目 / 189
产品创新 / 190
系统创新 / 191
按正确的方式做 / 192
制作更好的比萨 / 192
做成方的 / 193
以传统方法制作 / 194
放弃过时的方法 / 194
售价高一点 / 195
马来西亚的手工制品 / 196
有助康复的环境 / 197
与众不同的棺材 / 198
与众不同的饼干 / 198

第 18 章　**新一代产品是个差异化概念** / 199

自我淘汰 / 200
滑雪靴传奇 / 201
抗酸药争夺战 / 203
突破传统 / 204
添加其他技术 / 205
利用历史优势 / 205
最新产品不总是有效 / 206
新一代会悄然而至 / 208
新一代应当不一样 / 208

第 19 章　**热销是个差异化概念** / 210

害怕自我吹嘘 / 211
一个恰当的案例：科比特峡谷 / 212
热销的鸡肉 / 213
制造热销的诸多途径 / 214
想尽办法制造热销 / 215
媒体可以让你热起来 / 215
媒体也可以让你冷下来 / 216
iPhone 是如何热起来的 / 217
把你解决的问题公布于众 / 217

第 20 章　**增长会破坏差异化** / 219

问题一：分心 / 221
问题二：品牌延伸 / 221
ESPN 涵盖一切 / 222
破坏差异化 / 224
华尔街的反抗 / 225
更少就是更多 / 226
通过多品牌增长 / 226
西班牙的多品牌案例 / 227
韩国的灾难 / 230

第 21 章　**差异化通常需要舍弃** / 231

更多反而更少 / 232

牛仔抽什么烟 / 233

根本问题 / 234

保时捷是什么 / 234

融合产品：新一代的"更多" / 235

不同种类的舍弃 / 237

第 22 章　在不同地方实施差异化 / 239

因地制宜 / 241

芬兰咖啡 / 241

通行的东西 / 242

全球先锋发现有限制 / 242

请抓住牛肉 / 243

旅行的啤酒 / 244

区别对待印度市场 / 245

全球化之路的一些规则 / 246

在所有地方用一个概念吗 / 248

第 23 章　保持品牌的差异化 / 249

牢记品牌的差异化 / 250

西尔斯公司的故事 / 251

保持对立 / 251

喷气式发动机行业的对立行动 / 252

保持一致 / 253

棘手的说服工作 / 254

运营上的一致性 / 254

保持关联 / 255
进化你的差异化 / 256
不要坐着不动 / 257
一个爱尔兰的传奇故事 / 258
进化并非修修补补 / 259

第 24 章　在热点话题的新世界中实施差异化 / 261

口碑营销并不那么新 / 263
坏消息 / 263
真正的坏消息 / 264
令人深思的访谈 / 265
热点话题不过是工具之一 / 267
一些真实的调研 / 268
顶级案例 / 269

第 25 章　所有东西都能实施差异化 / 270

研究趋势 / 272
转移战场 / 273
美国人不喜欢失败者 / 274
重塑美国的形象 / 275
为民主党实施差异化 / 278

第 26 章　谁来负责差异化 / 280

CEO 为什么会失败 / 281

错误的观点 / 284
到底错在哪里 / 284
CEO 为什么必须参与其中 / 285
"我是负责人" / 286
做对的一位 CEO / 286
最优秀的 CEO 自己做战略 / 287
芬兰的一个成功案例 / 288
一位成功女士的观点 / 288

结　　语 / 291
注　　释 / 293
译者后记 / 298

第 1 章
选择的严酷性

DIFFERENTIATE OR DIE

万物开始之初，选择并不是问题。当我们的祖先考虑"这餐吃什么"的时候，答案并不复杂，他们能在附近追逐、猎杀并拖回洞穴的动物就是这餐的食物。

今天，当你步入规模大的超市的时候，你能看到的是大量不同种类的、切成不同大小的由其他人捕杀、屠宰、处理和包装好的肉。

你面临的问题不再是要捕获猎物，而是要设法想清楚，在货架上摆放的成百上千种的不同包装的肉中，你要选择哪种，是红肉、白肉㊀，还是人造肉？

然而，这不过是个开始。现在你必须决定你要动物身上的哪个部位的肉，是腰肉、排骨、肋骨、腿肉，还是臀肉？

㊀ 红肉指牛羊肉，白肉指鸡鸭等肉。——译者注

此外，如果你的家人中有不吃肉的，那你该给他们买点什么？

钓鱼进餐

对祖先而言，捕鱼就是削尖长矛，然后期望好运降临这么简单的事。

到了今天，这就意味着踱入一家巴思普洛（Bass Pro Shop）、比恩（L.L.Bean）、坎贝拉（Cabela's）或者奥维斯（Orvis），被那些多得令人难以置信的鱼竿、卷线器、鱼饵、服装和小船等物品弄得眼花缭乱。

在位于美国密苏里州斯普林菲尔德的占地 27 800 多平方米的巴思普洛旗舰店里，店员会给你理发，然后用剪下的头发为你做鱼饵。

从削尖的长矛开始到现在，事物已经发生了翻天覆地的变化。

外出就餐

今天许多人觉得，最好是让别人来决定吃什么。然而，在像纽约那样的地方，要想清楚去哪里吃饭可不是件容易的事情。

正因如此，尼娜（Nina）和蒂姆·查格（Tim Zagat）于1979 年在纽约发起了第一个餐馆调查，以帮助大家做出艰难的选择。

如今，口袋大小的《查氏调查》(*Zagat Surveys*)已成为畅销书，54种不同的指南中收录了30万参与者对餐馆、酒吧和夜总会的评级和评论。

选择机会的激增

近几十年来商业领域所发生的变化就是，每一个品类的产品的选择机会都在以惊人的速度增长。据估计，在美国有100万种SKU（standard stocking unit，标准存货单位），平均每个超市有4万种标准存货单位的商品。一个令人震惊的事实是，一个普通家庭有150种标准存货单位的商品就能满足80%～85%的需求。这意味着，我们很可能会忽略超市里的另外39 850种商品。

在20世纪50年代，买辆车就是在通用汽车、福特、克莱斯勒或美国汽车公司生产的车型中挑选。如今，你不仅可以从通用汽车、福特和克莱斯勒中选，也可以从讴歌、阿斯顿·马丁、奥迪、宾利、宝马、本田、现代、英菲尼迪、五十铃、捷豹、吉普、起亚、路虎、雷克萨斯、玛莎拉蒂、马自达、奔驰、三菱、日产、保时捷、劳斯莱斯、萨博、土星、斯巴鲁、铃木、大众和沃尔沃中选。20世纪70年代早期，市场上有140种不同型号的汽车，如今则已超过300种[一]。

对于这些车的轮胎的选择就更麻烦了。早期有固特异、凡

[一] 本书英文原版出版于2008年，书中涉及时间的表述均以2008年为基准。——编辑注

士通、将军和西尔斯；如今，仅在一家名叫 The Tire Rack 的零售店中，你就能看到固特里奇（Goodrich）、普利司通、马牌、邓禄普、凡士通、Fuzion、将军、固特异、韩泰、锦湖、米其林、倍耐力、住友、东洋、优耐陆和横滨。

早先是本地公司在国内市场抢生意，而现在全球已经变成了一个市场，每家公司都在全球各地争夺其他公司的生意。这就是现在和过去的最大差别。

医疗服务的选择

让我们看一下医疗服务这样的基本需求。过去，美国人有自己的指定医生、指定医院以及蓝十字协会㊀（Blue Cross）、安泰或美国卫生保健（Aetna/US Healthcare）、Medicare 或 Medicaid。如今，你不得不同很多新名称打交道，比如 MedPartners、Cigna、Prucare、Columbia、Kaiser、Wellpoint、Quorum、Oxford、Americare、Multiplan 以及像健康维护组织（Health Maintenance Organizations，HMO）、同行评审组织（Peer Review Organizations，PRO）、医院联合组织（Physician Hospital Organizations，PHO）和首选提供商组织（Preferred Provider Organizations，PPO）这样的概念，等等。

这么多的选择让人们迷失了方向，以致像《美国新闻和世界报道》（*U.S. News & World Report*）那样的杂志也开始对医院

㊀ 一家遍布美国各地区的医疗保险组织。——译者注

和保健组织进行评级，好让人们更容易做出选择。

加利福尼亚州甚至出现了很多针对医疗的公共报告卡。起初是几个医生团体和保健计划发布报告卡，评价了网络内医疗单位的绩效。接着，有210万名会员的加利福尼亚太平洋保健组织在它的网站上发布了"质量指数"新报告，该报告根据临床效果参数、会员满意度、治疗数据、专业及组织数据，对100多个以医生为基础的组织进行了评级。

此种情况下，人们完全迷失了方向，导致他们担心的不是生病，而是操心到哪里才能获得更好的治疗。

家用电器的选择

一位观察者逛当地的一个家用电器超市时，他在音响走廊停留了一会儿，发现那里有74种立体声收音机、55种CD播放器、32种磁带播放器以及50种喇叭。（你的耳朵受伤了吗？）

由于这些组件可以任你组合，这就意味着你可以搭配出650万种立体声音响系统。（现在我们知道你的耳朵已经受伤了。）

选择正在扩张

我们刚刚描述的是美国市场已经发生的情况。迄今为止，美国市场是全球所有市场中提供选择机会最多的地方（因为美国公民钱最多，而为数众多的营销人员想从他们手中赚到那些钱）。

我们来看看中国那样的新兴国家的情况。中国消费者在经历了几十年购买国有企业生产的普通食品后,现在每次购物时的选择正不断增加,既可以选国内品牌,也可以选国外品牌。最近的一项调查显示,一个由品牌食品构成的国内市场已经出现。中国已经有135个全国性食品品牌可供选择。这些品牌还有很长的路要走,但它们正朝着某种选择的严酷性方向发展。

还有一些市场则远未兴起。在有些国家,比如利比里亚、索马里、朝鲜以及坦桑尼亚,选择仅仅是人们心中的期望而已。

分化定律

分化定律推动着不断扩张的选择,在《22条商规》中我们已经论述了这一点。

就如在培养皿里持续分裂的变形虫一样,营销战场可被视为一个不断扩展的品类汪洋。

任何一个品类起步时都是单一形态,比如电脑。随着时间的推移,这个品类又被分化成很多细分品类:主机电脑、小型机、工作站、个人电脑、膝上型电脑、笔记本电脑和掌上电脑等。

同电脑一样,汽车一开始也是个单一品类。雪佛兰、福特和普利茅斯(Plymouth)三大品牌主导了市场。接着,汽车品类出现了分化。如今,市场上有豪华轿车、中等价位轿车和经济型轿车,大型轿车、中型轿车和小型轿车,以及跑车、四驱车、休闲娱乐车、微型厢式车和越野车等品类。

在电视业,美国广播公司(ABC)、哥伦比亚广播公司(CBS)和国家广播公司(NBC)曾经拥有90%的收视率。现在,我们有了电视网、独立电视、有线电视、卫星电视和公共电视。如今,一个接入电视的家庭有几百个频道可以选择。出现了"流视频"(streaming video)后,人们有500个频道可以选。有了这么多频道,你通常会切换频道寻找想看的节目。

"分化"是一个势不可挡的进程。你若心存疑虑,就看看表1-1吧。[1]

表 1-1 分化   (单位:种)

项目	20世纪70年代早期	20世纪90年代晚期
汽车型号	140	260
肯德基食品项目	7	14
汽车款式	654	1 212
油炸玉米饼品种	10	78
运动型休闲车款式	8	38
早餐谷类食品	160	340
个人电脑型号	0	400
软件	0	250 000
软饮料品牌	20	87
瓶装水品牌	16	50
牛奶品种	4	19
高露洁牙膏	2	17
杂志名称	339	790
漱口水	15	66
新书	40 530	77 446
牙线	12	64
社区大学	886	1 742
处方药	6 131	7 563

(续)

项目	20世纪70年代早期	20世纪90年代晚期
游乐园	362	1 174
非处方镇痛药	17	141
电视机屏幕尺寸	5	15
李维斯牛仔款式	41	70
休斯敦电视频道	5	185
跑鞋样式	5	285
广播电台	7 038	12 458
女袜样式	5	90
麦当劳食品项目	13	43
隐形眼镜种类	1	36

"选择业"

所有这些促成了一个致力于帮助人们做选择的完整行业。我们已在前面提到过查氏的餐馆调查和医疗报告卡。

无论你到哪里，都有人就各种事情为你提供建议，比如，在8 000种共同基金中应该买哪种、在圣路易斯如何找到合适的牙医，以及如何在数百个商学院中挑选适合自己的工商管理硕士课程。

互联网上到处是网络公司，这些公司能帮你寻找和挑选你能想到的任何东西，并且都承诺提供最低的价格。

像《消费者报告》(*Consumer Reports*)和《消费者文摘》(*Consumers Digest*)这样的杂志，通过不断更替报道的产品品类，应付产品和选择的冲击。唯一的问题是，这些杂志涉及太多的细节，以致让人们比开始时更迷惘。

消费心理学家认为,不断激增的选择要把我们逼疯了。听听卡罗尔·穆格博士关于这个话题的看法:"太多的选择,而且都可以立即让人得到满足和沉浸其中,使得孩子和成年人停滞于幼稚。从营销的角度看,人们不再在意了,变得像肥鹅一样肥胖和疲惫,并丧失了决策能力。他们退而保护自己不受过度刺激的侵害。他们'厌倦了'。"[2]

选择会成为阻力

典型的观点认为,更多的选择能吸引人们。然而,正如穆格博士所建议的,事实上,更多的选择是一种阻力。选择会抑制人们的购买动机。

看看对401(k)养老计划和参与计划的员工的调查。2001年,研究者对69个行业的647个计划的80万名员工的数据进行了研究。

情况怎么样?随着基金种类选择的增多,员工的参与率反而大大降低。太多种类的选择导致混乱,而混乱导致人们拒绝参与。

斯沃斯莫尔学院(Swarthmore)社会学教授巴里·施瓦茨(Barry Schwartz)撰写了一本关于选择会变成阻力的书,书名叫《选择的悖论》(*The Paradox of Choice*)。他在2006年的一次工业论坛上讲道:

> 人们被选择压垮,以致可能失去行动能力。太多的选择使得人们更可能延缓决策。选择提高了人们的期望,让人为做出糟糕的选择而自责。如果只有两条牛仔裤可以选的话,你不会

期望太高，但如果面对几百条牛仔裤的话，你会期望找到一条绝对完美的。[3]

选择可能会残酷无情

巴里·施瓦茨称选择为悖论。这种观点太过温和了，实际上，选择是一种暴虐。"暴虐"一词在字典中的定义是：通常表现为严厉和残酷的绝对力量。

选择也是如此。在大量竞争者不断涌现的情况下，选择驱动着市场的发展。顾客有众多的优秀选择品，以致企业要为自己的错误付出惨痛代价。竞争对手会抢走你的生意，而要夺回生意就不那么容易了。不懂得这一点的企业将无法生存（现实就是这么残酷）。

让我们看一些已消亡的品牌的名字：美国汽车公司、布拉尼夫航空公司（Braniff Airlines）、汉堡主厨（Burger Chef）、Carte Blanche、金贝尔斯（Gimbel's）、菲尔科（Philco）、环球航空公司（Trans World Airlines）、特朗普快线（Trump Shuttle）、VisiCalc。

这些品牌仅仅是不复存在品牌中的一小部分。

你必须小心

如果你忽视自己的独特性，企图满足所有人的所有需求，那么很快你就会破坏自己独有的差异化。看看雪佛兰的例子，雪佛兰曾经是主导型的高价值家用轿车，但它想给自己添加

"昂贵""运动型""小型"以及"卡车"的特性。雪佛兰的"差异化"逐渐消失了,业务也随之流失。

看看表1-2中2006年美国畅销汽车榜。雪佛兰第一次出现在第5位,而这个销量在很大程度上得益于销售给租车公司。

表1-2 2006年美国畅销汽车榜　　　(单位:辆)

1. 丰田凯美瑞	448 445
2. 丰田卡罗拉和Matrix	387 388
3. 本田雅阁	354 441
4. 本田思域	316 638
5. 雪佛兰Impala	289 868
6. 日产Altima	232 457
7. 雪佛兰Cobalt	211 449
8. 福特福克斯	177 006
9. 福特Taurus	174 803
10. 福特野马	166 530

如果你忽视市场的各种变化,你的差异化就会减弱。看看美国数字设备公司(DEC)的例子。DEC一度是美国首屈一指的微型电脑生产商,但它忽视了技术的变化,而新兴的技术使桌面电脑成为办公室的推动力量。DEC的差异化变得不那么重要了。DEC后来被康柏公司兼并,而后者正是桌面电脑领域中幸存的几大公司之一。

如果你处于更强大的对手的阴影之下,并且从未建立自己的差异化,那么你就总是软弱无力。看看西屋电气(Westinghouse)的例子。西屋电气从未跳出通用电气的阴影,后来被并购了。

再看看固特里奇。多年来，固特里奇总被认为在不断创新，而固特异却得到所有的功劳。由于固特里奇和它最大对手的名字混淆不清，它几乎不可能使自己在预期顾客的心智中同固特异区别开来。固特里奇如今处境艰难。

当今的市场是一个残酷的世界。

形势只会更糟

别赌形势会缓和下来。我们认为形势会越来越糟，原因很简单，选择会制造更多的选择。

在一本名为《更快》(*Faster*)的书中，作者詹姆斯·葛雷克（James Glieck）勾勒了一个只能被称作迷惘的未来，他将其描述为"几乎所有事物都在加速"。看看他书中描述的场景：

> 选择的扩张代表了另一个正向的反馈环，它是这类环的集合。你越是需要更多的信息，就会有越多的门户网站、搜索引擎和自动应答程序为你提供帮助，向你倾倒信息。你拥有的电话线路越多，你的需求也越大。专利越多，专利权律师和专利搜索服务也就越多。你购买或阅读的烹饪书越多，你越会感到要为你的客人提供更多新式的菜肴，你需要的烹饪书也就越多。复杂产生选择，选择激发科技，科技又制造复杂。如果没有现代社会的分销和生产的高效率，没有免费电话服务、快递、条形码、扫描仪，尤其是电脑，选择就不会如此成倍增加。[4]

女士们、先生们，一切才刚刚开始。

第 2 章
品类在不知不觉中走向货品化

DIFFERENTIATE OR DIE

在分化定律的作用下,各个品类正在不断地扩张,但是出现了一个不太乐观的状况。近来,尽管企业把更多的关注点放在打造品牌上,但越来越多的产品品类却滑向货品化的境地。也就是说,这些品类中有差异化的品牌越来越少。在人们的心智中,这些品牌只是简单地存在而已,没有其他含义,可以称它们为"占位者"。它们好比是违章的建筑,虽然存在,但没有任何令自身独一无二的差异化概念。

一厢情愿还是事实

如今,任何一个人,从服装设计师到名人,都声称自己代表了一个品牌,然而产品和服务最终必须面对市场和消费者。

消费者会问:"你能提供什么?你和其他产品有何不同?你为何更好?你代表的价值是否对我有价值,并且是否让我感到被重视呢?你如何把自己同其他产品区别开来?"

Brand Keys 公司是一家总部位于纽约的有关忠诚度和参与度调查的咨询公司,该公司的创始人罗伯特·帕斯考夫(Robert Passikoff)提道:"越来越多的企业面临如何区别于竞争对手的难题,这已不是秘密。20 世纪最后 20 年的全面质量管理和流程再造运动,在很大程度上注定了那些真正实施了这些行动的企业进入 21 世纪后将几乎难以彼此区别开来。这些企业花费了数亿美元的广告费后,消费者当然会注意到它们,但真正的问题在于,它们为自己实施了差异化从而把自己与品类中的其他竞争对手区别开来了吗?"

差异化当然存在,并且它基于产品或服务实际在消费者心智中拥有的价值(实际的价值或感觉到的价值、理性的价值或感性的价值),并在消费者心智中占据一个真正的位置,而不仅仅是让消费者注意到它们的存在。它们拥有这些价值的程度以及在消费者生活中的意义(超越产品层面)决定了它们是否实现了差异化,然而越来越少的产品或服务能够显示出任何程度的实际差异化。

铁的事实

为了证明这一观点,Brand Keys 公司利用自己顾客的忠诚度参与指数,对 75 个品类的 1 847 项产品和服务进行了分析。该公司研究人员运用心理探询、因子回归以及因果路径分析,把顾客对产品和服务的评价（这些评价预示了消费者如何对产品产生正面或负面的反应）做出一条连续的线，所有产品和服务根据差异化程度在上面都有一个位置（见图2-1）。从线的左边移向右边，代表了从无差异化（或低程度差异化）到极度差异化。

图2-1 差异化程度或对消费者的意义

该研究发现，被调查的产品和服务中平均只有21%具有对消费者有意义的差异化，这比2003年做的基准研究竟低了10%。

图2-1上最左边的是货品，事实上，这些基础产品或服务除了价格之外，在消费者心智中没有任何差异化。

往右一些是品类占位者，处于这个位置的产品或服务能在品类中获得很强的关注，但是它们的存在没有任何含义，在顾客心智中它们无法区别于竞争对手，比如通用汽车和Gap。

再往右是有差异化的品牌，这些品牌的产品或服务相比竞争对手有很强的差异化，比如丰田和苹果。

最右边是该研究显示的差异化的顶点——个人品牌。这是一个真正的人，通常是公司的创办人，他完全代表了公司的差异化。这个位置虽然代表了最高程度的差异化，但企业如果把所有资金都投在这个人身上，那么品牌的脆弱性在于变成公共媒体的炒作题材，因为公众对个人品牌认知的任何突然改变都会立即对品牌资产以及盈利造成影响，甚至可能是毁灭性的影响。

品类差异化

各个品类的差异化程度是不同的,比如香皂品类,所有品牌都有差异化;信用卡品类,50% 的信用卡在消费者心智中有含义。然而,在银行和润滑油等 20 个品类(几乎占所有调查品类的 1/3)中,没有任何有差异化的品牌。这些品类的产品或服务是人们都知道的,但没有任何特定含义。

表 2-1 是 75 个品类的清单。百分比数据(根据品类消费者的看法)显示了品类中真正有差异化的品牌数量。可以说,表 2-1 说明的情况非常糟糕,特别是那些差异化程度很低的品类。

表 2-1 说明了企业所面临的麻烦有多大,特别是那些对应百分比很低的品类企业。

表 2-1 各品类的差异化比例

品类	百分比(%)	品类	百分比(%)
航空公司	29	信用卡	50
抗过敏药(非处方药)	0	游船	20
抗过敏药(处方药)	0	纸尿裤	0
运动鞋	29	数码相机	0
汽车	38	狗粮	20
婴儿护理	20	DVD 播放机	0
银行	0	能源供应商	13
啤酒(淡啤)	25	晚间新闻节目	50
啤酒(普通)	29	时装品牌	20
瓶装水	13	女性用品	0
有线电视提供商	0	汽油	14
汽车保险公司	40	高清电视	8

(续)

品类	百分比（%）	品类	百分比（%）
汽车租赁公司	57	酒店	22
便餐	20	冰激凌	50
手机	25	保险公司	0
谷物早餐食品	37	互联网服务提供商	0
香烟	29	洗衣液	11
口香糖	20	长途电话服务	0
服装目录	0	杂志	37
咖啡和甜甜圈	33	大型运动联赛	75
罐装咖啡	0	早间新闻节目	50
电脑	9	润滑油	0
化妆品	14	摩托车	20
MP3/数字音乐播放器	20	零售店（百货）	0
共同基金	0	零售店（电器）	0
办公室复印机	0	零售店（办公用品）	0
在线图书和音乐	25	零售店（家装）	0
在线经纪商	17	卫星收音机	0
在线旅游服务提供商	25	搜索引擎	9
非处方镇痛药	29	皮肤护理	60
纸巾	0	香皂	100
包裹递送	50	软饮料（健怡）	0
薯片	25	软饮料（普通）	20
比萨饼	14	卫生纸	80
打印机	0	牙膏	33
快餐厅	30	移动通信运营商	20
零售店（服装）	50	手表	38
零售店（折扣）	40		

更多解释

为了更好地解释这种情况，让我们看看汽车品类，它的差异化比例是38%，较为合理。这意味着有一些差异化品牌存在，诸如丰田（以"可靠"为差异化概念）、宝马（以"驾驶"为差异化概念）、沃尔沃（以"安全"为差异化概念）、奔驰（以"尊贵"为差异化概念）、法拉利（以"速度"为差异化概念）。这也意味着有很大数量的占位者，它们几乎没有差异化，比如通用汽车和福特。

现在让我们看看差异化比例是零的银行业。怎么会这样呢？所有大名鼎鼎的银行在广告上都投入了巨资，告诉我们和它们合作是多么美好的事情。答案很明显，这是并购狂热症造成的严重后果。在经历了那么多并购后，很少有人搞得清楚哪个是哪个以及它们的特点。心理学家说过，没有过去的线索，你如何能确信通向未来的线索？银行业一团糟，得零分是应该的。

一般而言，为何会出现这种不知不觉的货品化呢？原因是营销人员的行为是在淡化品牌，而不是在打造品牌。

第一，他们过于依赖促销活动。在销售部门和大零售商的要求下，生产商慌了手脚，把资金从品牌打造转向了价格促销，比如折价券和赠品，这些让分销商感到高兴。你越是让消费者关注于便宜买卖，就越会分散他们对你的品牌的注意力。

第二，营销人员没有约束广告公司的错误直觉。广告公司没有把注意力集中在如何让产品区别于（并胜过）其他竞争对手的产品，而是陷入了我们所说的两个诅咒。一个是按键诅咒，广告公司非常想防止电视观众在播广告时换台，于是他们特别关注广告制作的诀窍，比如吸引眼球的画面或奇怪的场景，从而让观众的拇指远离遥控器。另一个是克里奥广告奖的诅咒，驱使广告公司为了获得觊觎已久的奖项而制作出要聪明、有趣和娱乐观众的广告，却缺少让消费者分辨品牌的独特信息。这里有一个例子，一家著名的研究公司Copernicus调查了在黄金时段播出的340条电视广告片，其中只有7%的广告能让人们找到品牌的差异化信息，即清晰的定位。[1]

第三，管理咨询顾问数量很多，但很少能在这方面提供有意义的建议。原因是他们不懂得顾客心智，而市场竞争正是在顾客心智中展开的。有讽刺意味的是，正如我们会在本书的结语中提到的，管理咨询之父彼得·德鲁克（Peter Drucker）却懂得顾客心智。

虽然营销人员对此有责任，但是最终CEO要领头扭转品牌的淡化局面。企业的高层必须大声警告，品牌如果没有清晰的差异化概念，那么激励消费者就只能靠价格了。然而你的竞争对手也能降价，所以如果没有强大的品牌打造，价格必然会下降，利润也随之下降。

Brand Keys公司的研究证明，缺乏差异化的现象正在激增，这是一个危险的趋势。在真正的市场上，营销人员必须能够准确界定自己的产品和服务的差异化，否则品牌会变成品类占位者，而这个位置离沦为货品只有一步之遥。

品牌缺少的就是曾经被称为独特销售主张（USP）的东西。

第 3 章

独特销售主张怎么了

DIFFERENTIATE OR DIE

1960年，一位名叫罗瑟·瑞夫斯（Rosser Reeves）的广告公司主席以其强力推销的极力倡导者的身份而闻名世界。他的著作《实效的广告》(*Reality in Advertising*)很受欢迎，该书被译成28种语言，并被广泛地用作大学教科书。从很多方面看，该书是现代营销的开端。

瑞夫斯在书中首次提出并定义了独特销售主张（unique selling proposition）的概念，简称USP。

定义

瑞夫斯认为独特销售主张是个精确的术语，于是他从三个方面给它下了定义：

- 每一则广告都必须向顾客提出一个主张。它不仅仅是文字,也不仅仅是对产品的吹捧和橱窗广告。每一则广告必须告诉每一个受众:"购买这个产品,你将享受到这种特有的益处。"
- 这个主张必须是竞争对手无法提出或者还没有提出的。它必须是独一无二的,可以是品牌的某种独特性,也可以是在特定的广告领域中没有被其他对手提出的主张。
- 这个主张必须足够有力,能够打动顾客(换句话说,能为你的产品带来新顾客)。[1]

瑞夫斯进而又指出,当时大多数的广告是"令人厌倦的吹捧技巧",广告中缺乏真正的信息,撰写这些广告文案的人员都不了解实情。

你也许会认为,那不过是过去的争论,如今,瑞夫斯先生的概念早已被今天的广告人所接受。

错!

争论依然盛行

令人惊奇的是,这个争论仍然盛行于美国广告界。在瑞夫斯的著作出版37年后,《广告时代》(*Advertising Age*)杂志上的一篇封面文章宣称:

"诗人对杀手":永远的广告争论——"强调技巧,还是坚守强力推销?"进入了白热化,胜算各半。[2]

这篇长达数页的文章，展示了两派的斗争，一派是创意人，他们认为自己的工作是技巧化的和情感化的，另一派是想让广告阐述事实和理性的营销人；一派要和顾客联结在一起，另一派则要向顾客推销产品。

是停止争论，并面对市场的现实而非广告的现实的时候了。

我们需要瑞夫斯，他现在在哪儿

当瑞夫斯先生谈论要做到差异化时，全球化竞争还不存在。事实上，按今天的标准看，当时也不可能存在真正的竞争。

做到独一无二或差异化，这个理念在2008年远比在1960年重要。

在"推销或不推销"的争论盛行已久的同时，新的世界秩序已经建立。如今，很多公司的销售额比一些国家的国民生产总值还要高。现在，全球500强企业的销售额占到了全球贸易的70%。

到处是兼并和收购，富者变得更富，规模变得越来越大。不仅竞争对手多了，并且出现了更强硬、更精明的对手。

这些新型竞争对手通常能利用以下现实：购买行为不仅关乎人群和收入，而且关乎不满意的顾客如何对待现有的替代品。

建立品牌的第一步

有关品牌的书很多，但极少有大篇幅谈论"差异化"的。即便有些书的确提到了"差异化"，也很少有作者着重谈论打造品牌是重要的事情这个事实。

看看扬·罗必凯广告公司（Young &Rubicam），它是一个规模巨大而且业绩卓越的跨国广告公司。该公司建立了一套名为"品牌科学"的系统。它认为"差异化第一"，差异化定义了品牌并使之区别于其他品牌。品牌随差异化而诞生，随差异化的退化而消亡。（我们一度相信该公司已掌握了真理。）

但是，扬·罗必凯广告公司却没有真正深入这个主题，而是很快转而谈论相关性、尊重、知识和品牌实力坐标那样的内容。

亲爱的读者，我们将继续深入谈论差异化。既然差异化关乎品牌的生死存亡，我们认为值得花点时间进一步探寻这个课题。（亲爱的瑞夫斯先生也会希望如此。）

做到差异化的重要性

在众多选项中做出选择，总是基于差异化，无论是含蓄的还是直白的。心理学家指出，锁定某个产品并被区隔出来的差异化能加深记忆，因为这种差异化能获得理智上的赏识。换句话说，如果你为一个产品做广告，你应该给顾客一个选择你的理由。如果你能同时给顾客提供娱乐性，那就好极了。

不幸的是，事实上，很多广告人并没有意识到向潜在顾客提出独特销售主张的必要性。

大部分广告人觉得推销不会令人感觉美好，而且认为人们只会回应那些不设法向他们推销产品的公司。此外，许多广告人会认为，产品中通常没有足够的差异化可以谈论。他们忽视了这样一个事实：无论人们是否喜欢被推销，每个潜在顾客都面临选择的问题。换句话说,不同的替代品不过是决策的"原材料",人们必须做出决定。

人们理解事物的方式

人们如何解决问题?心理学家在这方面做了大量思考,提出了起作用的四个功能:直觉、思考、感觉和感知。人们往往用其中一种功能引导决策。让我们从推销的角度看看这些功能。

对凭直觉行事的人实施差异化

凭直觉行事的人专注于可能性,他们避开细节而倾向于全局。

把你的产品定义为品类中的新一代产品,基于此的差异化战略容易感染这类人。爱德唯(Advil)的生产商把新药布洛芬定位成"最先进的镇痛药",这是针对这一人群极佳的差异化做法。

凭直觉行事的人对出现新产品的可能性非常感兴趣。正因如此,向凭直觉行事的人推出新型产品通常是一个非常有效的做法。

对思考者实施差异化

思考者善于分析,要求精确,逻辑性强。他们在处理大量信息时,通常会忽略某种形势下的情绪和感觉上的因素。他们可能表现出无情和冷漠,但事实上不是那样,他们只是在思考而已(亨利·基辛格型)。

对产品的事实进行有条理的论述很容易感染这类人。宝马的"顶级驾驶机器"的差异化战略很可能对这类人有效,特别是向他们呈现人体工学设计、操控性、不超重引擎等事实,以及大量专家对宝马驾驶感受的评论时。

对感觉者实施差异化

感觉者对他人的感觉有兴趣。他们不喜欢理智分析,而是随自己的喜好行事。他们乐于同别人共事,并有很高的忠诚度。

让看上去和听起来真实可信的专家做第三方背书,是针对这类人的理想方法。Miracle-Gro 把"专家之选"作为自己的差异化手段,完全适合感知者。让鲜花环绕下的丽人讲述 Miracle-Gro 的奇妙之处,这是个完美的战略。

对感知者实施差异化

感知者看重事物的本身,并且非常尊重事实。他们有能力弱化大量细节,并很少出错。他们擅长把事物置于背景之中。

赫兹租车公司把领导地位(它的广告语是"赫兹的服务,其他公司都做不到")作为差异化战略,是针对感知者的卓越策略。感知者本能地知道,赫兹确实是机场附近租车的第一选择(25年来它一直告诉人们赫兹是第一,这没有害处)。赫兹最好,这一点对于感知者而言是常识。

人通常是上述功能的混合体。凭直觉行事的人和感觉者都不喜欢太多细节,思考者和感知者会处理更多的信息。然而,他们都是要以这种或那种方式设法做出买什么的决策。

任何东西都能实施差异化

哈佛大学营销学大师西奥多·莱维特(Theodore Levitt)写了一本名为《营销想象力》(*The Marketing Imagination*)⊖的书,他在该书第 4 章中指出任何东西都能差异化,他的观点无疑和瑞夫斯先生的观点一致。

西奥多·莱维特的观点是必须给产品增值,即向顾客提供超出他们认为需要或期望的东西,可以是附加服务或支持。通用电气就做到了这一点,它根据在全球不同地方开展业务的微妙差别向客户提供咨询意见。通用电气还扩充了它的服务能力,这样客户就无须雇用服务人员了。

奥的斯电梯公司把远程诊断作为自己的差异化战略。在客流量较大的办公楼中,维修电梯对住户及访客大为不便,奥的斯利用它的远程诊断能力预测可能发生的服务故障,派员工在客流量较少的夜间进行预防性保养。

欧乐 B 建立了强有力的差异化,它的牙刷能提醒顾客何时该换新的(它发明了一种注册了专利的位于中间刷毛中的蓝色染色剂)。

货品的差异化

甚至肉类和农产品这样的产品也能找到差异化的方法,进而开创出独特销售主张。它们的成功战略可以归纳为五个方面:

⊖ 此书已由机械工业出版社出版。——编辑注

- 识别　普通香蕉贴上金吉达（Chiquita）的小标签就变成了更好的香蕉。都乐（Dole）也是这么做的，它在菠萝上贴上都乐的标签。莴苣种植者把每棵莴苣装入透明包装内，也是一样。当然，你接着要告诉人们如何认准这些标签。
- 拟人化　在多种形式上，绿巨人（Green Giant）人物是蔬菜家族中的差异化存在。弗兰克·柏杜（Frank Perdue）是鲜嫩鸡肉背后的强硬人物。
- 开创新品类名　香瓜的生产者想为一种特别的大个香瓜寻找差异化。他们并没有简单地把它叫作"个大"，而是起了一个新品类名，叫克伦肖瓜。泰森公司（Tyson）想推销一种迷你鸡，可名字听起来不那么好吃，于是管它叫考尼司游乐鸡（Cornish game hens）。
- 换个名字　有时候，产品的原名听起来不像是人们愿意吃的东西。比如中国的猕猴桃，把它改名为奇异果后，世界上突然多了一种颇受人们喜爱的水果。
- 为品类重新定位　多年来，猪肉就是猪的同义词，这让人们头脑中联想到的画面就是在泥中打滚的小动物。后来，猪肉搭上了鸡肉的顺风车，变成了"另一种白肉"。这是个非常好的做法，因为当时红肉在认知层面出现了问题。

只要有决心，总能找到实现差异化的办法。

第 4 章
更新独特销售主张

DIFFERENTIATE OR DIE

罗瑟·瑞夫斯有实施差异化的决心。

然而,在40年前,实施差异化的方法通常是基于产品之间明确的差异。通常产品具有某种优点,可以通过和竞争对手产品的比较而戏剧化地表现出来。

高露洁牙膏说:"清洁你的牙齿,清新你的口气。"(多年之后,佳洁士在牙膏中加入了防止蛀牙的成分,抢占了"防蛀"这一独特销售主张。)

卫宝香皂(Lifebuoy)在20世纪50年代宣称"去除身体异味"。实际上,所有的香皂都能去除身体异味,但卫宝抢先提出来并占有了这个主张。(关于这一点,本书将有更多论述。)

"我们的瓶子用流动蒸汽清洗",这是带有传奇色彩的文案撰稿人克劳德·霍普金斯(Claude Hopkins)在参观客户的啤酒厂后提出的一个差异化概念（其实，每个酿造厂都是这么做的，但它是第一个占据"卫生"高地的啤酒厂）。

那个时期，简单科学支持了很多公司。比如，阿纳辛（Anacin）可以炫耀它的独特配方优于普通阿司匹林和缓释阿司匹林。内科医生可以解释，阿纳辛的独特配方较之只有阿司匹林成分的药对人体有不同的疗效。

发生了什么变化

在当今市场上，锁定一个独特的销售主张、产品差异或利益变得着实困难。所以，大多数营销者的营销策略转向了其他理念。

部分原因是新产品的大量涌现。它们提出了有冲突的主张或者微不足道的差异点，混淆了人们的心智（比如，"现在！既能控制牙垢，还有新鲜薄荷口香糖的美味！"之类）。

部分原因是竞争对手的"抄袭"，以致竞争产品变得越来越相似。科技让竞争对手能分解、进行逆向工程并迅速复制产品的特性，甚至能赶在你有机会建立你的独特性之前。

部分原因是速度。想想英特尔之类的公司，每年以惊人的速度增加数据存储和提高性能。看看纸尿裤生意，最短只要6个月就有新产品上市。大多数公司都不会停止脚步，满足于过去的成绩。

当你要靠隔天更新产品而生存时，仅靠产品上的差异实现差异化就很困难。

真是"新品"吗

根据市场情报服务公司（Market Intelligence Service Ltd.）的报告，在1997年，美国共有14 254种新产品上市；到1998年，这个数字增加到了25 181。

让我们仔细分析一下这个数字，它意味着一年里每天新增约30种新产品。或者说，美国的每个城市、镇、乡村和小村庄都拥有它自主的新产品。（"欢迎来到布福德城，酪乳洗发水的故乡。"）

然而，新产品的数量并不意味着质量。这些铺天盖地的润肤露、药水和小器具中的绝大部分都不是什么突破性产品，而只是点缀品。

迈克尔·拉斯克（Michael Lasky）是一位专利权律师，他已经观察这些新产品30年了。他说："大多数的新产品都是微不足道的，它们不是真正意义上的发明，而专利指的是真正的发明。它们只是些稍加改进的东西，而且这使得竞争对手更容易推出自己的'风味珠''三层刀片'或者其他什么东西。"[1]

依靠产品的突出特点已经行不通了。

专利保护真的有效吗

如果产品有重大突破，那么专利保护可以发挥十分重要的作用（甚至有些外科手术也可以申请专利）。或者你有足够多的小发明，让你的竞争对手无法靠近。

想想总值高达 40 亿美元的纸尿裤大战,其中所涉及的专利多达 1 000 种(以及参与其中的相当数量的律师),这些专利和律师保卫着从维克劳尼龙搭扣到腿部弹性织物用量的一切东西。信不信由你,纸尿裤行业是在专利和商标局的记录中申请专利最多的行业。

纸尿裤行业中的两大巨头宝洁和金佰利-克拉克公司(Kimberly-Clark)甚至达成协议停止互相起诉,相互许可了一系列有争议的专利。这两家公司合在一起,早已控制了 3/4 的纸尿裤市场。现在,它们可以让实力较弱的竞争对手为"立体护围"(能防止纸尿裤渗漏这个恼人的问题)支付专利使用费,以此击垮竞争对手。

伙计,今天你感到幸运吗?你准备好以新产品加入争夺婴儿屁股的战斗吗?如果是,那么当那些大公司用专利权和律师对付你时,你就准备仓皇落败吧。

但是,这里也会有意外惊喜。这种掠夺性的专利保护和骇人的律师是个例外,而不是必然规律。

《华尔街日报》报道:"纵观消费品行业,廉价自有品牌的生产商通常会擦边,设法抄袭新点子而不明着偷取。"[2] 它们会打擦边球,产品的外观相似或者口味相似。

一位英国的营销教授对此这样评论:"过去数年的岁月向我们灌输了这样的信息——要获得竞争优势就必须创新。然而,当我们真的侥幸领先了,却会发现优势只是暂时的。为什么?因为我们的竞争对手也活在这种压力之下,拥有相似的资源。"[3]

竞争对手是如何做到的呢？强大的计算机技术使他们能够一点一点分解你的创新，然后复制利用。

分析并消灭他们

有时候狂热地分析竞争对手的产品会彻底瓦解并击垮他们，即便有独一无二的差别，也没有机会显现。

罗伯特·麦克马思是高露洁棕榄公司（Colgate-Palmolive）的前首席执行官，现在担任咨询顾问。他喜欢讲述一个名为"洗又梳"（Wash and Comb）的洗发水进行市场测试时发生的故事。该洗发水承诺能解决头发缠结问题，它的竞争对手们对此表示非常感兴趣。接着，麦克马思积极投入备战中。

"单单我所在的咨询公司就在亚特兰大市场买了3 000瓶。"他说，"因此，洗又梳看起来就是真正的赢家。但是，真正的消费者并没有购买洗又梳，而是其他的营销人员在购买。当洗又梳在全国正式上市时，产品惨败了。"[4]

还有其他类似的情况。拥有爆米花王牌欧威利（Orville Redenbacher）的亨特-威森公司（Hunt-Wesson）去研究一个名叫克里克·杰克超级新鲜牌（Cracker Jack Extra Fresh）的爆米花新品牌。亨特-威森公司先是买光了店内货架上的产品，然后直接到大联合仓储店（Grand Union）一次又一次整箱购买。（该超市的主管评论说，差不多只有该公司来买。）

克里克·杰克超级新鲜牌爆米花在全国上市时就落败了。这毫不奇怪，因为亨特-威森公司不再买了。

并非不可能

我们不是说以产品为差异化是不可能的,只是认为产品差异化挺难。

每过几年,吉列公司(Gillette)就会更新剃须刀产品,他们先后推出了双刀片剃须刀(Trac Ⅱ)、可调节双刀片剃须刀(Atra)、减震剃须刀(Sensor)、三刀片剃须刀(锋速 3)以及目前的五刀片剃须刀(Fusion)。

表面上,Fusion 只是个新产品。然而,背后是这家经常淘汰热销产品的公司的艰辛工作和激情。

锋速 3 在上市前就投入了 7.5 亿美元,该产品包含 35 个专利,其中包括"渐进排列"刀片,减少"拖拽"的舒适边缘和一种先进的"前倾"作用(听起来更像是法拉利跑车,而不是用来剃须的小东西)。

这些发明和努力取得了什么结果呢?吉列在湿式剃须市场占据的份额接近启动反垄断的程度了。这就是差异化带来的回报。

改进、升级并创新

同样的公司,同样的技术,不同的产品。

在被吉列收购之前,欧乐 B 牙刷已经有 27 年没有推出新产品了。

吉列投入 150 人的团队研究手动去除牙斑,结果推出了一系列新产品,包括用独家发明的纤维制成的刷毛和高端的Advantage牙刷。

如果你正考虑用产品特点获得差异化,明智之举是学习吉列模式:改进、升级并创新。

换句话说,要么大干,要么干脆不干。

企业偏离自己产品的差异化是经常发生的事情。沃尔沃首创了安全汽车的概念,并以此作为其产品的差异化。它推出了许多安全概念,如模块结构、侧门安全气囊和行驶灯等。然而,近几年来,沃尔沃在前轮驱动和四轮驱动这些安全特性上却滞后了。

现在,当日本汽车已经开始探寻新式电子安全装置时,沃尔沃却在涉足看起来并不安全的敞篷跑车和双门跑车。沃尔沃正在偏离一直使其独一无二的差异化。

辣鸡肉和酷音乐

辣鸡肉是一种热销的新产品。派派思鸡肉餐馆(Popeyes Chicken)提供的卡津风味的炸鸡肉很热卖,该公司的电视广告宣称"我们正把美国人民从平淡无味的鸡肉中拯救出来"。

与其强大的竞争对手肯德基相比,派派思鸡肉餐馆的广告预算是微不足道的。然而,它的产品特点造成的差异化足以推动其超越胜奇士(Church's Chicken)和福来鸡(Chick-Fil-A),成为销量第二的品牌,仅次于肯德基。

Bose 收音机是另一个大创意,它的广告宣称"它看起来小,直到你打开开关"。

这是一种与众不同的收音机。它的外形看起来比面包箱还小,却能发出饱满、弥漫房间的声音。这是怎么回事呢?原来它的声音是通过一个折叠在设备中的 10 多厘米长的音频导波管扬声器发出来的,这种扬声器是其专利。这个小巧的产品已经让 Bose 在音响行业中被视为最受尊重的品牌之一,并获得了《大众科学》(*Popular Science*)杂志的"最佳新品奖"。即便每套定价为 349 美元,还是很走俏。

超越产品和利益

竞争对手会插手辣鸡肉和酷音乐吗?很有可能,如果你同意三个英国教授的结论的话。他们在《广告研究杂志》(*The Journal of Advertising Research*)中提出:

"抄袭"仍然是竞争中的主导力量。有竞争力,意味着乘机利用其他竞争对手的成功。这种模仿不仅仅局限于产品的小改进(牙膏中的小苏打或保证收益的长期投资),而且更多地适用于产品的主要特征上(所有的主流汽车都必须快速、安全和经济实用,等等)。[5]

你能看到,发明并锁定一个真正不同的产品是项艰难的工作,但可以做到。

西奥多·莱维特的警告

回头看看营销之父之一的哈佛大学的西奥多·莱维特,他在1991年的一本名叫《管理思考》(*Thinking About Management*)的书中说了一段分量十足的话:

> 差异化是关键的战略战术活动之一,公司必须持续投入精力。它不是随意的行为。任何事物,甚至像水泥、黄铜、小麦、钱、航空货运和海事保险之类的所谓"货品",都能做到差异化。
>
> 不存在"货品"这种东西,只有像货品一样行动和思考的人。任何东西都能做到差异化,正如前面看到的那样,而且通常就是这样。比如,肥皂、啤酒、投资银行、信用卡、钢结构仓库、临时帮助服务和教育,等等。任何公司都没有理由陷入货品的陷阱,永远局限于全凭价格竞争。纵观历史,采用并坚决保持货品路线的企业,就算它已经大幅度降低了成本,最终也消亡了。

在接下来的章节中,我们会探索实施差异化的很多方法。同时,我们会扩大范围,除了谈产品,还谈服务。

但首先,给出一些警告。

有些概念看起来很有吸引力,但却很少能让你做到差异化。

第 5 章 质量和顾客导向极少成为差异化概念

DIFFERENTIATE OR DIE

如果你住在新泽西或在那里工作，那么你有几百家银行可选择。大型的银行，如大通（Chase）；中等规模的银行，如商业银行（Commerce）；社区银行，如哥伦比亚储蓄银行（Columbia Savings）。顾客该如何挑选一个地方来理财呢？

在这场较量中，打开收音机，就听到鲍勃·考克斯（Bob Cox）的声音，他是资产200亿美元的萨米特银行（Summit Bank）的总裁。他的论调如下：

> 我们总是在寻找为您服务的更好方法。
> 我们会倾听每位顾客的想法，无论大小。
> 再高职位的员工也要仔细聆听。
> 我们正在向更高的目标前进。

很遗憾，鲍勃，这些主意在这个超级竞争的世界中救不了你。你的竞争对手们也读过同样的书，接受过同样的培训。

对身处这种环境的萨米特银行的顾客而言，合理的质量和服务是预期之中的，而不是决定胜负的关键。

换句话说，如今质量是最基本的要求，已算不上是一种差异性。了解并热爱顾客是基本要求，也已算不上是一种差异性。

质量之战

的确，20世纪90年代已经发生过一场质量大战。企业的领导者们需要工具和技术来评估质量。一大批专家和学者推出著作，不断争论，讨论如何定义、预测和确保这个叫作"质量"的难懂的东西。

这些人提出了大量首字母组合词和流行词，让人六神无主。比如七个老工具（Seven Old Tools）、七个新工具（Seven New Tools）、全面质量管理（TQM）、统计过程控制（SPC）、质量功能展开（QFD）、CQL以及其他只要能凑在一起的三个字母的组合。

仅在1993年，市场上就有422本书的书名中印有"质量"一词。如今，却只剩下一半数量。（我们肯定已经赢了这场战斗。）

多项调查显示，今天的顾客能够看到身边的质量改进。汽车造得更好了，小电器更耐用了，电脑也附有用简明英语叙述的使用说明。

民意调研公司思达奇国际（Roper Starch Worldwide）的编

辑主任这样解释道:"如今所有品牌都得加倍努力才能领先。他们不断加大资金投入以满足顾客的需求。顾客还是上帝,这一点看来不会很快改变。经济状况改善的同时,顾客没有放低标准,反而要求更高了。"[1]

谁靠质量获胜了

我们当中有谁会不喜欢更好的产品或者无缺陷保证呢?

但是,质量带来回报了吗?哦,这还尚未定论。

盖洛普为美国质量控制协会(American Society for Quality Control)做的调查发现,接受调查的执行官中只有28%的人表示从质量努力中获得了显著的成果。("显著"的定义是盈利增加或市场份额扩大。)

英国贸易和工业部(British Department of Trade and Industry)所做的类似研究表明,接受调查的公司中有86%的公司设计和实施的先进生产系统没能带来任何质量、灵活性和保质期方面的改善。更糟的是,43%的公司没能提升它们的整体竞争地位。

那就试试降低质量并在今天的市场上竞争。祝你好运吧。顾客的期望可不会消失,无论你为了跟上步伐而要付出多么大的代价。

顾客满意之战

如果质量是场战斗,争夺顾客就是一场生死决战。

《哈佛商业评论》上发表的一份标志性的研究提出，企业通过降低 5% 的顾客流失率就能至少增加 25% 的利润。天哪，你能听到警钟在整个国家的会议室里回荡吗？

论坛、图书和顾问告诉我们 1 001 条方法去吸引、热爱、结交或紧紧抓住那个叫顾客的人。

有人告诉我们，顾客是合作者，是首席执行官，是上帝，是蝴蝶。（不用问。）

顾客的反馈信息意味着每次抱怨就是一份礼物。优秀的售后服务能终生留住一个顾客，要学会管理顾客生命周期。

这足以把你推入一个不求利润的世界。

世纪之交，《营销管理》（*Marketing Management*）总结道："实际上，如今每个企业都准备好让它的顾客满意。它们每天都在重复'我们愿意为之付出一切'。"[2]

当然，这些是例外。比如，美国国内航空公司的乘客数量创了新纪录，股票市场升得很高，但是，对乘客而言，这并非繁荣时期。抱怨正不断增加，这些抱怨涉及超额预订、腿部空间不足、行李托运出错，航班延误的信息不全或信息误导，以及里程容易积累但几乎无法兑现等问题。

自行车可以做到

赞恩车行（Zane's Cycles）是康涅狄格州单店最大的自行车销售行，让我们看看它是如何靠顾客导向获得成功的。自行车销售行业的竞争已经达到白热化，但克里斯·赞恩（Chris

Zane)的销售额却能每年持续增长25%。

他是如何做到差异化的呢？答案就是他的"经销商终身保修"。赞恩车行售出的每一辆自行车都能获得保证：如果自行车发生故障或者需要维修，他会采取一切措施让顾客能够重新使用，而且免费。他的保修承诺是：

- 赞恩车行将为售出的每一辆自行车提供终身服务和维修。
- 如有需要，赞恩车行可把自行车生产商的保修期延长到对缺陷和做工实行终身保修。
- 对于赞恩车行售出的附件或部件，赞恩车行将把生产商的保修期延长到终身保修。

你可能会认为克里斯的脑子出问题了。毕竟那些真正的自行车手会骑很长的路，自行车肯定有大磨损。他的竞争对手们肯定认为他疯了。

然而，他的疯狂中是有想法的。他的技工往往一开始就装配好每一辆新车，因为他们知道只要顾客买下车，他们就要免费提供服务。

更重要的是，终身保修会让最佳顾客成为回头客。这些顾客是自行车运动的狂热爱好者，他们经常骑，所以需要定期服务。这对生意有帮助，因为这些最佳顾客每次来赞恩车行做维修或保养时，就有机会看看店里所有的闪亮新装备。

赞恩车行的宗旨是，顾客知道它的差异化之处，并且以忠诚回报它。

爱这些里程

1983年,美国航空公司推出了特级优待计划。那时,该公司确实相信里程奖励能起到以下作用:

- 激励品牌忠诚度。
- 把想捞便宜的竞争对手的顾客吸引过来。
- 将美国航空公司同联合航空公司及其他所有航空公司区别开来。

如今特级优待计划在全球有3 000万名会员,其中仅在巴西就有50万会员。公司管理层没有料到的是,竞争对手竞相推出了类似计划。而且,计划一旦开始实际上就不可能停下来。

如今,每家航空公司都赠送里程。假如你经常在夏威夷岛周围飞行,你的飞行里程会让你得到阿罗哈航空公司(Aloha Airlines)的一个阿罗哈通行证。飞到曼谷进行商务旅行?泰国航空公司(Thai Airways)有皇家兰花(Royal Orchid)计划。

且慢。航空公司应该售票,而不是赠票。常旅客计划按理是靠顾客服务赚钱的机会,但它却带来了负面影响:

- 降低了对付费机票的一部分需求。
- 限制了像夏威夷之类的大众度假胜地的可供舱位。
- 惹恼那些不能兑现里程的好顾客。

以下是得克萨斯州农工大学营销学教授兼零售研究主任里奥纳多·贝里(Leonard Berry)的无奈结论:"他们没有做的事是针对常旅客为发起计划的航空公司实施差异化,并使这种差

异化达到弥补成本和缺点的程度。常旅客概念实质上是针对好顾客的价格利益,这简直太容易模仿了。"³

水涨船高

一位更精明、要求更高的顾客对每个营销人提出了更高的标准。

现在当地的百吉饼店也有常客计划。(半打芝麻百吉饼?到这儿来,让我给你打卡。)

从不知名的网站订购的不知名的CD也有退款保证。(它们以此为荣。)

加利福尼亚的一个保健组织发布了一份报告卡,根据临床效果和病人满意度,对几百个医生团体进行了评级。(得分最高的前10%被评为"最佳从业者"。)

现在是做顾客的最好时机吗?还是别的什么时候?

去问问西雅图一家规模较大的银行即可知晓,他们发现零售顾客对回复投诉和解决争议的拖拉行为变得越来越不能容忍。一些深度调查揭示了其中的原因:诺德斯特龙(Nordstrom)是当地的一家百货连锁店,它以对顾客服务的执着程度闻名,是它改变了银行顾客的想法。设想你是银行,该如何对你的顾客说:"哦,那是诺德斯特龙的做法。记住,我们只是一家银行。"

如果顾客已经期望很高,那么令人难忘的服务也不会让你抵达得分区,它只是让你留在竞争队伍中。

顺便提一下,你所有的竞争对手也正设法取悦顾客。

神话

即使是在马尔科姆·鲍德里奇国家质量奖的标准上得分很高,或者实际获得了鲍德里奇奖,也很难确保成功。鲍德里奇奖的获得者们可能股价剧烈波动,经历产品开发的拖沓,并在新投资项目上亏钱。

20世纪90年代的最大营销神话是"服务顾客"成了竞争的主题。

许多营销人活在梦境之中,相信存在未开发市场的神话。这种信念认为营销只有两个参与者,那就是自己的企业和顾客。在这种幻想中,一个企业开发出迎合顾客需求的产品和服务,然后就能靠营销去收获利润。

然而,事实上不存在未开发市场。营销的现实是,市场是由顾客构成的,但这些顾客被一群竞争者或强或弱地控制着。因此,每个营销活动除了要留住自己的顾客,还要想方设法把对手的顾客抢过来。

这就是差异化所能办到的事情。要成功,不仅要了解你的顾客,还要让你的顾客了解你。

满意不等于承诺

还有一点:顾客满意并不等同于顾客承诺。

国际质量机构的研究表明:

- 声称满意的顾客中超过 40% 的人在更换供应商时毫不留恋。(选择这么多,时间这么紧。)
- 拥有某个生产商的汽车的人中,89% 的人表示他们非常满意,67% 的人表示有意从该生产商处再购买一辆车。但是,事实上只有不到 20% 的人真的那么做。

这些就是你忙着献殷勤的可爱的顾客吗?他们可以抛弃你,也能够抛弃你。

看看服务之王诺德斯特龙发生了什么。1999 年 4 月 19 日版的《商业周刊》上刊登了一篇文章,题目为"好的服务还不够"。该文章谈到了诺德斯特龙销售增长乏力,盈利令人失望,股价忽上忽下。文章把这一切归咎于过度扩张。

然而,威廉·E. 诺德斯特龙(William E. Nordstrom)却这样说:"我们没能跟上顾客多变的需求。"

如果你的公司不能跟上步伐,它就会变成一家没有差异化的普通百货公司。

迈克尔·波特醒悟了

迈克尔·波特也许是哈佛商学院有史以来最知名的教授,多年来他对差异化谈得颇多。

迈克尔·波特在其最近的论文集《竞争论》(*On Competition*)中,最终摆正了质量和顾客热情的位置——他把运营效益和战略区分开来。

运营效益意味着在同样的运营活动中,你比对手做得更好。运营效益可以成为短期竞争优势的来源,然而从长远来看,它是远远不够的。

波特观察到,随着企业之间竞相互为标杆,彼此变得越来越趋同。

他说,企业必须把自己定位成和对手不一样。这意味着在它们的行业中找到一个独一无二(并有意义)的差异点。

波特说:"运营效益意味着你在同场比赛中要跑得更快,但是战略就是帮助你选择不同的比赛,因为只有这样才能让你赢。"[4]

波特教授看到了希望。

极少情况下可以做到

在这一章开头,我们说过质量和顾客导向极少能让你做到差异化。

中西快捷航空公司(Midwest Express Airlines)就是特例。

中西快捷航空公司是一家成功的区域航空公司,它真正把服务和顾客导向做成了自己的差异化。

在登机口它提供免费咖啡和报纸,它还提供牛排和虾套餐、巧克力脆饼、和蔼可亲的空乘服务员以及不拥挤的座位。最好的一点就是,以上服务都包含在基本票价中。现在说说其中的秘诀:它主要把机票卖给商务人士,而不是那些四处寻找低价票提前预订的休闲旅行者。

然而成本会上升

在一段时间里,中西快捷航空公司凭借顾客导向非常成功。然而,上涨的燃料成本、老旧的飞机以及快速扩张,开始让它承受成本压力。要做到顾客导向,需要付出高昂的代价。而且,如果你不能因你的服务而收取更多的费用,情况就会变得非常难堪。中西快捷航空公司近几年处境艰难。

看看雷克萨斯和宝马,它们提供非常昂贵的服务项目,然而它们的车售价高,所以有能力承受那些额外成本。

所以,以服务作为差异化的启示是:只要你有能力承受,你确实能以此作为战略。

第6章 广告创意并非差异化

DIFFERENTIATE OR DIE

罗瑟·瑞夫斯在他的《实效的广告》一书中，怒斥了那些他认为是吹嘘并无效的广告。比如"浓浓的真正饴糖口味""从未有过的最好味道"以及"它非常光滑"，这类概念招致了他的笔伐。

虽然这些概念达不到瑞夫斯的标准，但至少它们是在试图推销产品。有人想知道，如果瑞夫斯看到现在那些甚至没有试图推销的广告，他会有何反应。看看这些摘自几本杂志的广告创意："开始某样东西""真心欢迎登机""以极大关怀改变世界""人们推动我们前进""扩展无限可能"。

创意的陷阱

吹嘘已被含糊不清替代。如今，大量的广告已经变得非常有创意和引人入胜,以致有时很难分辨出是什么公司在做广告。

看看J.P. 摩根曾经做过的一则整版广告。这家公司是全球领先的金融顾问、保险商和贷款机构。

这则广告没有标题,画面里只是一个人的脸朝外注视,并配有一段文字:"能做得最好时,我从不满足于做得更好。我对'做得不错'毫无兴趣。我从不把倾听误认为理解。我让那些愤世嫉俗者感到懊恼。在必要的时机,我会难以讨好。面对完美,我感到安心。我点燃火焰。我为J.P. 摩根工作。"

是什么让J.P. 摩根与众不同

这段话是思想的漂亮组合,是一段美妙的散文。但是,J.P. 摩根究竟想对《财富》的读者推销什么呢?是想告诉读者,这是一家把员工的真知灼见公之于众的公司?还是这家公司的员工工作都很努力?这难倒了我们。此外,我们不会再把钱托付给某些不相识的员工,而是托付给一个大型的成功组织。

J.P. 摩根的与众不同之处绝不是含糊不清的。它有着服务于全球最著名的公司、政府和富有家族的长达150年的光荣传统。在通用电气和美国电报电话公司的起步阶段,J.P. 摩根协助它们组建和融资。在两次世界大战中,它借款给法国和英国。它用26亿美元债券支持墨西哥,并用相同数额的钱支持俄罗斯。

J.P. 摩根的推广规划,应当是在自己悠久的传统背景下,展现自己的各项独一无二的能力:"创造财富150年。"(从老J.P. 摩根个人谈起。)

J.P. 摩根没有这么做，而是变现了自己的传统，把自己卖给了大通银行。这段令人惊叹的历史遭遇了悲伤的结局。

行业的争论

这种含糊不清已变得如此之严重，《广告时代》（Advertising Age）杂志报道了这样一个事实：有些公司的首席执行官收到股民来信，说"那些广告片完全偏离了试图说服观众购买产品的真正任务"，是在白白浪费股民权益。[1]

《广告时代》的主编兰斯·克雷恩（Rance Crain）正在发动一场战斗，反对那些打着创意幌子而实质上模糊不清且无效的广告。他认为，拙劣的广告表现使得广告失去了其所需要的首席执行官的支持。他的观点是对的。

以前的情况是，首席执行官想知道广告预算中哪一半被浪费了。现在的情况是，他开始思忖：是不是所有广告预算都被浪费了。

难怪美国广告联盟进行的一项调查表明，人们并不太支持广告是协助企业成长的工具这一观点。

当企业首席执行官们被问及是否对公司的广告所做的努力满意时，只有 6.8% 的人答复说他们非常满意。

为"创意"辩护

很多人认为，在这传播泛滥和愤世嫉俗的时代，广告正在慢慢地失去其有效性。这种信仰把广告业推向了危险的边缘。

这些拥护技巧化的、诗意的广告的人指向了20世纪60年代，当时广告业经历了一次巨变。在那个年代，"喜爱度"因素变得非常重要。在那之前，你的广告可以告诉别人这药能治头痛、这车开得快或行驶里程长，这些都是关乎逻辑性和推销的。拥护艺术化、诗意的广告的人现在持这种观点，即如果推销得太厉害，广告信息不仅不受欢迎，而且将被忽略。

正因如此，他们努力使广告变得激动人心，具有煽动性，而且妙趣横生，令人愉悦，即让广告同消费者"联结"在一起。

当奥美国际集团主席兼首席执行官夏兰泽（Shelly Lazarus）还是美国广告协会主席的时候，她在一次会议上敦促会员公司颂扬非传统和出其不意，以更好地迎接来自管理顾问的竞争，后者正篡夺广告公司在营销传播中扮演的传统角色。

夏兰泽说："我的管理顾问朋友有时看起来几乎对无理性和无逻辑的广告感到恼怒，你注意到了吗？"

相反，她强调，"我们在这方面发展得很好"，因为"消费者往往是无理性和不合逻辑的"，受到"超越逻辑的无形情感价值"的影响。[2]

比尔·伯恩巴克的幽灵

如果你对这种想法提出异议，许多人会唤醒比尔·伯恩巴克（Bill Bernbach）的幽灵，他是一位著名的广告人，曾在20

世纪60年代启动了"令人喜爱的广告"的革命。

许多人把比尔·伯恩巴克的作品奉为创意革命的开端。不幸的是,同大多数的革命一样,创意革命在进行多年后迷失了方向。

比尔·伯恩巴克和罗瑟·瑞夫斯的努力方向并非真的相去甚远,只不过两人在表现风格上不同。伯恩巴克采用强有力的推销概念,并直接将这种思想用不十分严肃的日常用语表达出来——他只是把更多的现实融入广告中。

有创意的差异化

如果你今天看比尔·伯恩巴克的作品,你会发现那是异常出色的战略,表述简单且富有逻辑。

为大众汽车创作的"想想还是小的好",这是把甲壳虫车同底特律出产的巡洋舰似的镀着厚厚的铬的大车区隔开来的绝妙方法。

为阿维斯(Avis)创作的"因为我们是租车行业的第二,所以我们更努力",是一个把阿维斯同赫兹及其他所有想方设法把你放到驾驶座上的租车公司区隔开来的诚实做法。

"即使你不是犹太人,也可以享用利维(Levy)犹太风味黑麦面包",是一个把这种黑麦面包重新定位为适合所有人的好面包的直白方式。(犹太风格令这个品牌的面包与众不同,他必须让这种差异化对非犹太人产生更大的吸引力。)

没错,在这个时代,广告不再像以前那样行之有效。没错,在这个时代,有太多的产品在追逐同一群消费者。但是,如果伯恩巴克还在从事他的工作，他还会撰写温暖人心、人性化并且直接传递正确战略的广告。

米·乔·格林的幽灵

今天你听的很多点子是以情感做到差异化。一个接一个的广告有感人的场景，如人们相互亲吻，大人亲吻婴孩，产品在这些生活场景中只是扮演了个小角色。

如果你对这种方法表示质疑，许多人就会搬出非常有名的可口可乐广告。广告的主角是匹兹堡钢人队前锋米·乔·格林（Mean Joe Greene）以及一个在比赛结束后同他共享一瓶可口可乐的7岁小孩。这是一则感人的广告，所有人都喜欢。不幸的是，虽然它很值得看，却没有起到推销的作用。（与此同时，百事可乐的"新一代的选择"的差异化概念正高歌猛进。）

然而，那是一个很快就被那些喜爱情感的广告人遗忘的细节。所以，让我们分析这个问题，从科学的基础上（而不是从情感基础上）。

情感和选择

为了找到这个争论的起因，我们进入心理学的世界，查明情感和理性是如何影响我们做决定的。

人类为何是地球上所有生物中最富情感的生物？关于这个课题，有大量复杂而深奥的资料。理查德（Richard）和本内斯·拉扎勒斯（Bernice Lazarus）是加利福尼亚大学的两位心理学教授，他们引起了我们的注意。他们在其著作《激情与理性》(Passion and Reason)中，破解了许多关于情感的神话。神话之一就是情感是不理智的，它并不依赖人的思考和推理。他们的观点是：情感和智力密切相关。（夏兰泽到此为止该无话可说了。）

他们提出的另一个重要观点是，情感总是在很大程度上依赖理性。他们认为情感依赖对个人意义上的评价。没有意义，就没有评价，也就不存在情感。

这意味着，如果一则广告呈现了情感，但没有提供购买的理由，所有的情感就等于浪费金钱，不会有评价。（米·乔·格林到此为止也该无话可说了。）

另一位心理学家，卡罗尔·穆格博士阐述得非常精辟："严格意义上的感性行为，大体上发生在非常年幼的孩子以及有严重认知障碍的成年人身上。经过客观评估及理性考虑过的属性，或多或少有助于所有选择，有助于所有的差异化点，而这些与情感牵引、忠诚度或者产品的激励特性是无关的。"[3]

换句话说，你必须给人提供一个购买你的产品的理由。

这里我们就不提供案例了。

塞尔希奥·齐曼觉醒了

塞尔希奥·齐曼（Sergio Zyman）曾是可口可乐公司的营销专家，后来是一位为寻找战略的企业提供咨询的顾问。他的论调突然变得同我们惊人地相似。他认为，企业的营销应当更专注于推销产品,而非追逐音律铿锵的诗句或者同名人签约。

可能有些读者不熟悉他的背景,他参与了新可乐项目。我们把新可乐称为来自亚特兰大的艾迪赛尔。㊀

当可口可乐公司放弃自己最有力的差异化概念——正宗货,代之以众多毫无意义的口号时,他身居其中。

当可口可乐公司找好莱坞拍摄超级有创意但却没有销售力的广告时,他也在其中,除非你认为北极熊喝可口可乐也是一个差异化概念。(北极熊喜欢的可乐。)

他说:"广告应该传播品牌的利益和差异化。"(好样的,塞尔希奥。)他还说:"营销是一门学科,是一门用相关术语为你的产品针对竞争对手实施定位的科学。"(绝对正确。)

他还无所顾忌地说:"广告公司在贩卖广告是一门艺术的思想,而实际上并非如此。"[4](那你怎么会给可口可乐公司买那么多艺术广告?)

我们很高兴看到塞尔希奥在后半生发生的转变。糟糕的是,塞尔希奥没能早点觉醒,要不然会为可口可乐公司省下他前期因错误决定而浪费的一大笔钱。

需要信息,而不是广告

塞尔希奥现在搞懂了,可是很多广告人还是不明白,他们的工作是要呈现关于某个产品的特性或者为何某人要购买这个

㊀ 艾迪赛尔是福特的一款车型,上市即大败。此处寓意大失败。——译者注

产品的重要信息。并且，那条信息不应该看起来太像条广告。

心智在接纳并储存信息的容量上是有限的（第10章有更多有关内容）。

要克服心智接纳新信息的天生局限性，方法之一就是努力把你的信息作为重要新闻表达出来。

太多的广告试图取悦人或者要聪明。它们这么做时，往往忽略了广告故事中的新闻因素。

思达奇调研公司的调研人员可以证实，具有新闻性的标题的阅读率比没有新闻性的标题要高。不幸的是，大多数创意人把这种思维视为老一套。他们应该把注意力集中于将销售信息或销售新闻戏剧性地表达出来。

如果人们认为你要传达一条重要的信息，通常他们会睁大眼睛，竖起耳朵吸纳你要说的话。

在后面的章节里，我们会概述为产品或公司实施差异化的多种方法。在每个案例中，提出的办法都代表了有关产品的重要信息。无论它是涉及产品特性、领导地位、传统、最受青睐或者其他已经实践证明有效的方法，都代表了有助于人们处理选择问题的重要信息。

诀窍就是不要把重要信息埋没在所谓的"创意"中。

需要差异化，而不是口号

广告业已经成了口号的阵地。如果你对此表示怀疑，这里有一个一分钟小测验，看看你能否辨认出广告主：

"你的未来已变得更简单。"

"没错,你能行。"

"光明之路。"

"不同寻常的智慧。"

"转变。"

答案依次是:荷兰国际集团(ING)、斯普林特电信(Sprint)、铃木、瓦乔维亚银行(Wachovia)和日产汽车。

问题的关键在于,这些口号无助于或者未能提供给顾客买这个产品而不买其他产品的理由。这意味着广告并非有效,而这又导致了营销人对广告失去信心。要旨在于:毫无意义的口号就像是一种病毒,它逐渐削弱了营销界。除非这种病毒被消灭,否则我们将眼看着一个接一个的产品品类变成货品。

诀窍在于识别出口号和差异化概念的区别。为了更好地理解这一点,让我们从营销界最知名的口号开始,它就是耐克的"Just do it"。聪明吗?是的。容易记住吗?是的。但是具有差异吗?没有。如果你研究一下耐克,你会发现它至少签约了 4 000 名大牌运动员,有迈克尔·乔丹(Michael Jordan)、勒布朗·詹姆斯(Lebron James)、泰格·伍兹(Tiger Woods)、罗杰·费德勒(Roger Federer)以及达拉斯牛仔队(Dallas Cowboys)。

选择一项运动,你就会在某个重要选手身上找到耐克的影子。这明确指向了耐克的真正差异化:"世界上最优秀的运动员的穿着。"大多数人想穿什么呢?你能猜到,就是想穿明星所穿的。

诺基亚在推销手机时，谈论的是"连接你我"。它还能让谁沟通？难道是动物吗？如果你研究一下诺基亚，你会发现它已经爬上了山顶，它是显而易见的全球领导者。诺基亚的差异化就是"全球第一手机"。大多数人想买什么呢？你能猜到，就是其他人都在买的东西。

同样的概念也能用在麦当劳身上，它可以很容易地宣称："全球最受青睐的餐厅。"这比它的毫无意义的口号"我就喜欢"强多了。（本书第13章中将更多地谈到领导地位。）

第 7 章 价格极少成为差异化概念

DIFFERENTIATE OR DIE

价格通常是差异化的敌人。从词义角度看，做到差异化应当物有所值。差异化为支付略高一点的价格（至少是同等价格）购买某项产品或服务提供了支持理由。

然而，当价格成为传播信息的焦点或者成为企业营销活动的焦点时，你就是在减少被顾客视为独一无二的机会。你所做的是让价格成为选择你的产品而不是竞争对手产品的主要考虑因素。这不是条健康的道路。

很少有公司对这种低价方法感到满意，理由很简单，你的每个竞争对手都有铅笔。有了铅笔，它们可以随时标低价格，你的优势也就会随之消失。

正如迈克尔·波特所说，如果你的竞争对手能把价格降得和你一样低，降价通常就是一种愚蠢的行为。

廉价胡萝卜的案例

为了支持波特的观点,我们来看一家新公司的例子,该公司开发了一个专为小胡萝卜设计的独特包装系统,这个包装系统使得这家公司与行业中既有的两家大供应商相比具有绝对价格优势。

为了挤上超市的货架,该公司不是以更好的胡萝卜进入市场,而是凭借更低廉的价格,两家大供应商立即同新公司展开了价格之战。这样的结果只能迫使新公司把价格降得更低,而那两个既有品牌又一次把价格降到相同水平。

当一位董事要求这家新公司的管理层预测未来发展时,管理层预测那两家大公司将不会继续降价,因为那是"不理智"的行为。由于两家大公司的包装技术陈旧,它们正在赔钱。

那位董事打电话给我们,问我们如何看待管理层的预测。我们告诉他,两大公司继续降价的行为完全是理智的。主导了市场的那两家公司怎么会让一家有生产价格优势的新公司轻易进入市场呢?它们对过去的状况非常满意。

在接下来的董事会上,新公司的管理层受到鼓励把新的生产系统卖给其中的一个老品牌。他们从中获利丰厚。

每个参与者都开心,又一个低价战略倒台了。

建立价格优势

我们不是说以低价战略实现差异化不可能,而是说很难做到。美国西南航空公司就以低价作为自己的差异化策略。然而，它是通过首席执行官赫布·凯莱赫（Herb Kelleher）所说的"做得不一样"做到这一点的。

西南航空公司使用一种机型，由此节约了培训和维护费用；不提供高级舱位，由此省却了昂贵的预订系统；不提供食物，由此节省了费用和时间；避开收费高昂的空港而使用较为便宜的小型机场，由此避免了高昂的停靠费。

通过做得不一样，西南航空公司成功构建了一套自己的运营系统，使每公里成本比所有其他航空公司都要低。令人遗憾的是，这使得他们的飞机有点像普通汽车。为了弥补这个不足，他们很努力地使航程更有趣（服务员站着表演喜剧）。

西南航空公司把自己区分为低票价航空公司，并且它已具备足够的规模，即使大点的航空公司降价也不能迫使它退出市场。许多航空公司试图复制西南航空公司的成功之路，但大多没成功。

沃尔玛的成功之路

有人会认为，"天天低价"用在大型零售行业的沃尔玛身上非常实用。同西南航空公司一样，沃尔玛成功地让低价成为有意义的差异化概念。但是，想想沃尔玛是如何做到的。

起初，沃尔玛在人口较少的美国乡村开展业务，那里的竞争对手大多是小型的夫妻杂货店。这就像是德国的战争机器横扫巴尔干半岛，阻力很小。

接下来，沃尔玛在开新店的同时着手建立它的技术基础。随着规模的扩大，沃尔玛把"采购优势"添加为自己的武器。

在有凯马特（Kmart）、塔吉特（Target）和好市多（Costco）的地方，沃尔玛的进展就比较艰难，但那时它确实已拥有结构性的成本优势支持它的"天天低价"主张。

戴尔的路径

戴尔无疑也以价格为武器，在电脑行业占据了可观的份额。戴尔的销售额超过180亿美元，它挑战了康柏在个人电脑销售上的领导地位。

戴尔的独特路径是免去零售商，以更低的价格直接面向用户。戴尔用比较广告攻击了IBM和康柏，它在广告中把各自的电脑摆在一起，戴尔电脑下面写着"豪华笔记本电脑"，电脑屏幕上贴有3 899美元的标签，而在康柏电脑下面写着"精神失常的笔记本电脑"，价格是7 699美元。

康柏提起了诉讼，但却无法放弃成本高昂的分销系统。结果，越来越多的市场份额倒向了戴尔。

具有讽刺意味的是，虽然价格是戴尔的初期武器，但它的业务模式发生了很大变化——它对"摆出产品和价格"的广告的依赖少了很多。如今，戴尔的一大块业务来自同大公司客户的关系，这些客户直接通过戴尔的专职销售代表或戴尔专为公司客户提供的商务网站下订单。

嘉信理财的路径

嘉信理财（Charles Schwab）也是如此，它是第一家折扣经纪公司。正是它的低价做法打破了市场上已有的提供全套服务的大型经纪公司的封锁状态，但是，这样做只会导致一大群新的折扣经纪公司的出现，最近又出现了收费更为便宜的网上经纪公司。

像戴尔一样，嘉信理财通过提供越来越多的服务，转移到了高地。虽然嘉信理财仍然是折扣经纪公司，但是如果你看它的广告就会发现，它看上去越来越像提供奢华全面服务的美林证券（Merrill Lynch），比美林更像美林，后者是一家收费高并提供全套服务的经纪公司。

戴尔和嘉信理财的启示就是：你可以以低价起步，但如果没有结构性优势，你就无法持续，你必须升级到"食物链"的上端。

应对低价

市场领导者总是会遭到低价进攻，看起来这几乎是自然规律。那么你会怎么做？竞争对手针对你的行动，你必须跟进吗？

对此我们有一些应对低价攻击的方法，经过检验它们是可靠的。

1. **采取特殊方式**。领导者可以给它最大的客户提供特别的东西。耐克为富乐客（Foot Locker）提供可调节气垫鞋，这种售价130美元的跑步鞋是为这个鞋子零售大户独家生产的。到目前为止，一切顺利，富乐客已经订购了100多万双鞋，期望销售额达到2亿美元。这已可以与耐克销量最好的飞人乔丹鞋相媲美。

2. **制造一些混乱**。在有些行业里,定价是十分复杂的,电话计费就是如此。几年前,美国MCI电话公司推出了"亲朋好友"优惠项目。该项目的操作方式是,你给你的好朋友、家人打电话,或他们致电给你,都可以享受折扣。你要做的就是把他们的名字和电话号码填写在你的列表上。美国电报电话公司起初对此不以为然,但是,MCI的市场份额开始攀升。最终,美国电报电话公司不得不放下架子,推出了"MCI算术"广告。这个攻击性的广告对MCI的费率提出了质疑:"仔细查看你的账单,MCI的折扣其实没那么多。"(MCI的折扣从20%缩水到6%,也就是说一个电话差几美分。)随着争论越演越烈,真正发生的情况是,市场搞不清哪个是真的折扣、哪个不是。斯普林特和其他几个电话运营商提供的折扣只是让市场更混乱,MCI的市场份额停止了增长。当市场混乱时,谁会是赢家?你猜中了,就是领导者。人们会想:"别烦了,还是继续用美国电报电话公司的吧。"

3. **转移争论**。另一个应付价格战的好战略就是提出总成本的概念,而不是初始成本。在某些品类中,购买产品后的后续成本会很可观。如果你的产品在购买后性能更好,你可以提出总体拥有成本和购买成本的比较,这种概念的一个变体就是使用寿命。一个昂贵的产品,比如说奔驰车,它价格很高,但是比普通汽车使用寿命更长,这是让看到价格标签时震惊的顾客选择接受的好理由。相似的战略可以用来销售昂贵的床,比如达克斯娜(Duxiana),它的售价在3 000美元以上。思路是:你躺在床上的时间比你在豪华车里的时间多。

实际上，你生命中40%的时间是躺在床上度过的，那么你何必吝啬呢？

谈谈促销

低价促销最终会对品牌有很多益处吗？一些全球范围的广泛调查表明，一旦短期的低价促销结束，销量就会回到原来的水平。低价持续多久，销量的上升就会保持多久。长期以来，低价促销受到了怀疑，直到最近才被系统地验证。管理者常常抱有希望：低价促销在他们身上会有积极的后续效果。

如今，人们知道的事实是品牌长期而忠实的顾客才会购买促销产品。事实证明，人们很少仅仅因为降价而购买陌生品牌，他们只是在自己熟悉的品牌阶段性降价时购买，避免花更多不必要的钱。

这就是低价促销没有后续效果的原因：一个促销品牌不能抓住任何在促销时第一次购买产品的新顾客，因为实际上没有这种"新顾客"。另外，一个典型的短期促销只能覆盖品牌的小部分既有顾客，比如10%或20%。然而，促销成本很高，并且对产品和分销物流有代价极高的副作用。

非长期效应

促销不会给人留下长时间的记忆。（"6个月前，降价20%的牌子叫什么来着？"）消费者看起来接受偶尔降价（甚至是宝马汽车或头等舱的飞行里程）。

虽然管理层的传统做法是想办法制止销售员降价，但是现在大范围的促销还是会发生。（"先生，这是我提升销量的唯一办法。"）如今负责市场营销的管理层自己降价，甚至看上去还以此为荣。但是，低价促销通常是亏本进行的，否则低价促销会更多。促销销量越高，亏得也越多，所以为何花这么多钱在低价促销上？高层管理者想要削减促销预算，但是通常不知道怎么办。有一位不知名的首席执行官是个例外，他说："你所需要的就是勇气。"

促销的魅力

毫无疑问，短期低价促销能做成某些事。下面列举的是我们最常听到的理由：

- 转移存货（通过"赠送产品"）。
- 有助于完成没有达到的销售目标（付出代价）。
- 延迟丢失货架空间（直到另一个危机出现）。
- 购买额外的货架空间（在一段时期里）。
- 满足贸易要求（在一段时期里）。
- 有助于跟进竞争对手（"他们上周刚那么做"）。
- 找点事做（不至于光去看看代理商）。

大卫·奥格威论价格

大卫·奥格威（David Ogilvy）是与罗瑟·瑞夫斯和比尔·伯恩巴克一样的传奇人物，他对低价交易和价格有些强有力的言论，这些话肯定值得我们重温：

傻瓜也会做低价买卖，但是创建品牌需要的是天分、信念和锲而不舍的精神。

经济上的回报不总是以下一季度的每股收益体现，但会有回报。当菲利普·莫里斯公司（Philip Morris）以50亿美元买下通用食品公司（General Foods）时，它是在购买品牌。

有一个前景不错的咖啡品牌——蔡斯和桑博恩（Chase & Sanborn），但这个品牌开始沉迷于降价销售战略。今天蔡斯和桑博恩哪里去了？早已销声匿迹。

致力于用广告为他们的品牌建立一个有利的形象（属于品牌的最犀利的个性）生产商，将获得最高的利润和最大的市场份额。

是时候敲响警钟了。如果那些品牌还在低价交易上花这么多钱而没有多余的钱做广告，得警告那些品牌这样下去的后果了。

低价交易不会给你的品牌打造一个牢不可破的形象，而只有靠这个形象你的品牌才会成为美国生活的一部分。[1]

和你看到的一样，大卫·奥格威也相信要做得与众不同。

在俄罗斯受到重创

可口可乐和百事可乐在俄罗斯的克拉斯诺雅茨克（Krasnoyarsk）遭到了一个名叫"疯狂可乐"（Crazy Cola）的本地软饮料公司的重创，这事可能会让你震惊。根据AC尼尔森俄罗斯公司的数据，这个本地品牌占有48%的市场份额。

原因是价格。在当地的杂货店，一瓶 2 升装的可口可乐或百事可乐的售价相当于 77 美分，1.5 升装的疯狂可乐售价只有 39 美分。大多数的俄罗斯消费者承受不了超出的部分。

如今，可口可乐和百事可乐正遭遇一个叫尼科拉（Nickola）的饮料的重创。这种饮料没那么甜，口味更天然，它的口号是"不要喝可乐，喝尼科拉"。

问题在于，可口可乐和百事可乐是否能坚持待在俄罗斯并继续接受亏损这个事实。俄罗斯的柠檬饮料市场增长迅速，它们声称不像美国可乐那样由人工合成。正如我们在本书中强调的，我们正处于你死我活的竞争时代。

运动产品零售的艰辛

在运动产品零售这个有 460 亿美元销售额的行业里，在产品齐全的零售商中，四家最大的上市公司正在赔钱。佳宝运动用品（Jumbo Sports，原名 Sports and Recreation）正在走向消亡。亚拉巴马州伯明翰的佳适鞋店（Just for Feet）正在关闭名下的 236 家店的很大一部分，并且根据《破产法》第 11 章的规定进行重组。

运动权威（Sports Authority）是目前规模最大的店，但它的股票疲软，如今正在努力扭转低迷形势。

简而言之，问题在于如果你靠价格生存，那么你也可以因为价格死去，特别是在一个运动产品零售商过多（形形色色，既有网上零售商，又有实体店）的行业里。

这些零售商既没有差异化，又没有独特的产品可销售，这使得它们只有以"低价"作为战略。当面对像沃尔玛和凯马特那样占据全部运动产品销售额 35% 的对手时，低价可不是个有力武器。

不幸的是，这些零售商很多都不会在竞争中坚持很久。

终极价格：免费

当前，真正让人吃惊的是互联网公司的涌现，它们为了增加网络浏览量，采取了免费的策略。有免费的电子贺卡或电子传真，十多家公司提供免费电子邮箱，五家公司提供免费电脑，其他的公司则提供免费软件。它们盘算着自己最终会通过给付费客户发布广告而获利。但愿情况会有转机。

这成了互联网生活的事实。风险投资者大卫·柯文（David Cowan）在《华尔街日报》的一篇文章中说道："提供免费服务的网络公司一次又一次进来并惯坏了整个行业，如果你不免费，自有其他新公司免费。"[2]

这些免费公司能靠网络广告或在线购物赚钱吗？这个问题仍然没有答案。但有件事是完全清楚的：只要风险投资者和股市继续在网络业务上投入大把的钱，创业者将尝试更为铤而走险的方法开创业务。[3]

祝你好运。

以高价作为差异化

以高价作为自己的差异化策略的公司给我们留下了更为深刻的印象。

Joy香水宣称它是"世界上最贵的香水"。这里有两条很管用的重要原则:

1. **高品质的产品应该更昂贵**。人们期待为更好的产品支付更多的钱,但是高品质应当能以某种方式显现。一桶欧威利牌美味爆米花比一桶较便宜的快乐时光(Jolly Time)牌爆米花看上去更诱人。前者还保证了一个利益点:几乎所有的谷粒都是爆开的。

如果我打算花更多钱购买一件北面的冲锋衣,那么衣服上挂着写有"确保让你干爽"的戈尔特斯(Gore-Tex)标签对我的选购就会很有帮助。劳力士手表应该看上去坚固耐用,但老实说,很多表售价只有劳力士手表的很小一部分,看上去也坚固耐用,这引出了下一个要点。

2. **高价产品应当提供声望**。如果我花 5 000 美元买了一块劳力士手表,我就想让我的朋友和邻居知道我戴着劳力士手表,这样他们就知道我是成功人士。昂贵的汽车也是一样,人们花 50 000 美元买一辆车是为了让他们的朋友和邻居羡慕,尽管他们永远都不会承认这一点。

正因为如此,凯迪拉克车是颗 50 000 美元的炸弹。我的邻居会羡慕我有凯迪拉克吗?声望在哪里?我的邻居如何知道我是花了 50 000 美元买了这辆车?

高价说明了产品的什么?它说明这产品价值很高。从本质上讲,高价成了产品本身的一个内在利益。(这是许多高价位侧翼战成功的有力驱动因素之一,比如奔驰车、绝对伏特加以及 Grey Poupon 芥末酱。)

第 8 章 很难以产品齐全为差异化概念

DIFFERENTIATE OR DIE

我们在第 1 章中谈到,人们无力应付如此多的选择。这就导致了这样一个事实:普通人在做购买决策时面临困难。

然而,对某些业务而言,选择范围广可以是一种差异化。玩具反斗城的创始人查尔斯·拉扎勒斯(Charles Lazarus)说过:"当父母没想清楚买什么时,他们会去能提供最多选择的玩具店。"

品类杀手

"最多选择"已经成为零售业的颂歌,但这已经变成一个移动的靶子。超级商场喜欢被称作"品类杀手",它们已经成为零售业的老大。这些超级商场做得非常成功,它们采取了

"一店拥有全部商品"的方法并且提供很大折扣的战略来专门迎合不同的利基市场。玩具反斗城领导了这场超级商场的潮流，现在市场上还有家得宝家具建材店（Home Depot）、莱彻特斯家庭用品商店（Lechters）、史泰博办公用品店（Staples）、汽车部落（Auto Zone）、PetSmart宠物用品店以及它们的竞争对手。

但现在我们发现，这些超级商场正遭受非常专业化的且产品齐全的商店的攻击。这些商店挖取了超级商场业务中利润丰厚的一块块狭小业务。Noodle Kidoodle就是一个例子，它专门针对高层次的教育玩具市场。

折扣店的加入

同低价战略竞争一样，以"产品齐全"为差异化策略的问题在于，你无法阻止竞争对手采用相同的战略。

折扣店凭借它们的规模和采购实力，加强了对某些产品品类的关注。比如说，沃尔玛在它的店里开辟了大块的玩具区域。

这里的几个例子能让你看出零售行业现在状况有多糟：

- 婴儿超级商店（Baby Superstore）提出了一个制胜的战略：在一家店里销售所有的婴儿产品。如今，玩具反斗城也效仿推出了婴儿反斗城（Babies "R" Us），诸如塔吉特那样的折扣店也已涉足，所有这些都给婴儿超级商店的盈利造成了压力。

- 计算机行销美国（CompUSA）夺取了销售小型电器及办公用品商店的电脑部门业务。如今，电器超级商场、办公用品超级商场、邮购商店以及其他电脑超级商场都在销售电脑，价格竞争使得利润率变得非常低。
- 运动权威商店（Sports Authority）迫使许多区域性的运动产品商店关门。然而，现在凯马特发现在这个成熟的细分市场里增长越来越困难，因为很多竞争对手正设法抄袭它的经营策略。
- 聚会城（Party City）的出现让本地商店的聚会用品部门成为历史。然而，它刚一出现，模仿者就层出不穷。如今，像沃尔玛那样的折扣店也以更低价格提供聚会用品，而其他超级商场，比如一家名叫高登瑞基（Garden Ridge）的家庭装饰用品商店，也在店里开设了大型的聚会用品区。

多大是过大？

具有讽刺意味的是，产品齐全概念曾经让这些商店与众不同，现在变成了它们的噩梦。

首先，要解决好商店这个巨型盒子里无穷尽的标准存货单位的难题。看看家得宝那些可怜的售货员，他们要想方设法从放在7米多高处的盒子里找出想要的东西。电脑可能会显示要的东西就在那里，可要找出来却又是另一回事。

接着又出现了疏远核心消费群的问题。可能那些不屈不挠的爱找便宜货的顾客喜欢在一大堆商品中搜寻,然而没有这种兴趣的顾客往往觉得这样的设置让他们感到沮丧,令人望而生畏。

越来越多的时间紧迫的美国人愿意到便利店和小型购物中心很快逛一圈,多花点儿钱购物。对于独自出行的购物者更是如此,他们不想把宝贵的休息时间或周末时光浪费在店里。

一想到要把车停在大型停车场的边上,然后不得不拖着大堆的商品回到车里,上了年纪的顾客就望而却步。

带着顽皮孩子的年轻父母也没有时间搞清楚商场里令人迷惑的商品布局。

更亲近购物者

巨兽般的品类杀手现在正遭受规模巨大问题的困扰。有些商场正在削减标准存货单位,通过改善照明、加宽走道和降低货架,让店堂更亲切。

其他商场则通过添加娱乐项目、快餐、互动展示和其他能吸引顾客驻足并且多买点东西的花样,设法营造喜悦的购物体验。

多样化是生活的辛辣佐料,但辛辣佐料过多就会引发胃痛。

瘦身版沃尔玛

要吸引那些因店的规模巨大而望而却步的顾客,你会怎做？沃尔玛的解决之道就是推出名为"沃尔玛社区市场"(Wal-Mart Neighbor-hood Market)的缩小规模的商店。

这个零售巨头已经静悄悄地在美国开了120家这种社区市场(而且正在加拿大开试验店)。这些店大约有3 700多平方米,只有一般沃尔玛超市的1/4大小,但仍然提供20 000多种商品。这意味着有很大的选择面,包括食品杂货、保健美容产品、照片冲印以及一些日用商品。

沃尔玛表示,这些小型商店是有意"凭停车方便、过道不拥挤以及快速结算来争取购物者"。

这是一个有趣的试验,它迫使本地的独立销售商消失得更快。

网上的产品齐全

你可能会认为零售商店已经做过了头,提供的选择太多了,但是互联网很快成了一个能提供无限多商品和服务的地方。这种选择不是到了新层次,而是到了新境界。

比如,eToys公司在销售玩具和其他儿童产品的基础上增加了儿童图书,这意味着eToys公司现在提供10万多种产品。(如果销售全线儿童用品,数量又将是多少呢?)

当然,eToys公司增加图书的行动使它陷入了同亚马逊和其他网上图书销售商的竞争。这无疑是针锋相对的反击,因为亚马逊也已涉足玩具、电器、唱片以及它能销售的任何东西。

在网络竞争中,很快你就会发现自己处于网上竞争者的包围圈中,它们对自己说:"我们能卖那东西。"第二天,它们真的那么做了,正如它们的广告语"实现儿时梦想"一样。

如果鞋子合脚,你就能在网上卖

有些概念天生适合网络,而且不容易被复制。

假设你正在寻找一双手工缝制的阿伦-爱德蒙得(Allen-Edmunds)牌13码Messina拖鞋,或者是一双莉莉·普利策(Lilly Pulitzer)牌6码平底鞋,最容易找到它们的地方就是网上一家名叫Zappos.com的虚拟鞋店,这家店把自己的差异化界定为海量选择。(Zappos这个名字出自西班牙语zapatos,意思是鞋子。)

Zappos无须向大型卖场支付昂贵的房租,而只需要便宜的仓库存放1 090个品牌的158 000款鞋子。(它在网站上每日更新最新鞋款数量。)

在Zappos上买鞋子,你就无须在租金昂贵的卖场里试鞋子,它会承诺免费发货和退货,确保你得到需要的退换服务。

Zappos的创办人知道一个秘密:早在互联网出现之前,400亿美元的鞋子零售市场中的5%,也就是20亿美元,是通过邮购目录完成的。

为了阻止模仿者的出现,Zappos还投入资金设立了蓝带客户服务:对每位新上岗的客户代表进行为期一个月的培训,没有打电话强迫订购者的用词,退货方便。大多数回头客能获得免费隔夜送达或者两天到货的升级服务。到目前为止,Zappos的情况很好,它的销售额在7年里增长到了5亿美元。

网络挤压

由于每个网络公司都能很快积聚齐全产品，因此产品齐全不再是差异化策略。

那么它们接下来会怎么做？你能猜到——降价。你已经在第7章中看到，以低价为差异化策略不是易事，特别是在网络上，你的顾客只需敲几个键就能比较价格高低。（他们不必回到车里，开到另一家店去比价。）

事实是残酷的，甚至像亚马逊这样的大公司也才刚刚开始盈利。（另外，像《哈利·波特》那样的畅销书数量不多，也不常有。）正像《华尔街日报》所说的："网络成了'网站吃网站'的世界。"

数码时代的淘金潮

所有这些让我们想起了加利福尼亚淘金潮的时候，每个人都冲向互联网的山谷里寻找财富。

然而，这段历史正好给了我们一个重要启示：真正在淘金潮中赚钱的是那些出售地图、工具和服装的人。

大多数去淘金的人没有发财。更糟的是，相当一部分人未能活着回来。

我们猜测的结果是，网络设备制造商以及设计网站和华丽界面的顾问们会在互联网淘金潮中获得大部分金子。

真正的需求

随着网络变成提供层出不穷的产品和服务的供应商,人们真正需要的是获得买什么和到哪里买的购物指南。就像《查氏调查》那样,应该有一个只提供消费者对商品的意见和评论的网站。

但是,接下来的问题是这个网站怎样赚钱以及如何运营。餐厅是一回事,进入网络世界则是另一回事。那么多的信息,难以消化。

一个重要启示

零售业和网络世界证明了这样一个事实:并非所有的差异化生来就是平等的。

与具有领导地位、受青睐或产品特性那样的差异化相比,产品齐全远没有那么强有力,原因在于竞争对手很容易模仿。这使你除了用价格武器之外,很难有其他举措。

正因为如此,我们在为客户提供咨询时,常常设法把"产品齐全"这个概念作为获得更长久的差异化的垫脚石。美国新英格兰的一个零售商阿尔伯茨(Alperts)就是这样一个例子。

从"产品齐全"到"最受青睐"

一家位于罗得岛州的名叫阿尔伯茨的家具大卖场成功运用"产品齐全"作为差异化策略,它把"产品齐全"作为一个垫脚石，以此为基础建立了一个围绕"最受青睐"的独特销售主张，这是个好得多的差异化要素（详见第 16 章）。

起初，它开设了一家非常大的商店，能容纳大量的各式各样的家具。它的单店销售额超过了其他所有家具店。这构成了以下在阿尔伯茨购物的案例。以下文字是直接从电台广告中摘录的。

获得高价值是其一，在大量优秀产品上获得高价值是让一家商店真正成功的原因，阿尔伯茨的宗旨就是如此。人们为了获得实惠而光顾我们商店，但真正让他们吃惊的是，一家店里竟有各式各样的家具。

因此，我们一家店卖出的高质量家具比我们竞争对手所有店铺卖的还要多。我们这么认为：如果你在我们店里没有找到你想要的家具，就说明我们的工作没有做到位。

这就是阿尔伯茨变成罗得岛州最受青睐的家具店的原因所在。

赫胥尔·阿尔伯特（Hershel Alpert）可能会这样说："依靠产品齐全，我谱写了最受青睐的故事。"看着他的业务快速增长，这真是个令人感动的故事。阿尔伯茨确实是罗得岛州最受青睐的购买家具的场所。

第 9 章

实施差异化的步骤

DIFFERENTIATE OR DIE

在这一章里我们将首次介绍30多年来致力于差异化咨询服务所开发出来的流程。实施差异化靠的不是创意、耍聪明或者想象力，这个过程需要的是逻辑，是一项运用合理思考的规则并进行测试的科学。

合理性的力量

翻开字典，"合理"的定义是令人信服、强有力、有说服力、正确的和清晰的。它展现了思考和推理的技巧。

现在，为了极力推销所要销售的产品，你想要的东西是不是听起来也像个论点？正是如此，你最好对此确信无疑。

可是你在营销界看到多少合理的论点？非常少。

缺乏合理性是大多数营销规划失败的致命原因。反过来看，如果你能在论点中看到合理性，你看到的一定是赢家。

阿维斯（Avis）在租车业排名第二，所以它得出结论必须要更努力。这不是创意，而是合理性所在。

IBM的巨大规模囊括了电脑业的所有方面，所以它能比其他任何生产商更好地集成所有的部件，这就是合理性。"电脑集成"就是IBM的差异化策略。

创意和合理性的比较

合理性是一项科学，所以创建一个独特销售主张应该是项科学而不是艺术，这才合理。然而，创意派竭力地攻击这种观念，他们憎恨被局限在一个模式中而限制了他们的创意发挥。

但情况更糟的是，一家公司经历了战略制定过程，并为自己的品牌提出了直截了当的合理论点，接着就把它交给创意者，结果眼睁睁地看着这个论点消逝在创意的歌舞升平之中。

我们曾经为一家银行提供战略咨询，发现它在自己开展业务的区域是小企业管理局贷款业务的领跑者。这些贷款的大部分都给了那些刚来美国创业的移民——追寻美国成功梦的人们。

我们建议的战略既合理又直接，让这家银行与众不同的是，它是"美国梦的源头"。

所有人都喜欢这个概念，然后这个概念被移交给一家广告公司去实施。当我们再次看到它时，它却变成了"我们为你的梦想提供贷款"。

它不再合理，差异化概念也到此结束。

为了避免这种情况再次出现，必须确保每个人遵循简单的四个步骤。

第一步：在行业环境中具有合理性

论点不是在真空中提出的，你的竞争对手们也在竭尽所能地提出他们的论点。你的信息必须在所处的品类背景下具有合理性，必须从市场对你竞争对手的认知开始。

你真正需要的是获取心智中已有的认知快照，而非深度思考。

你追寻的是你和竞争对手在目标顾客心智中已经存在的认知上的优势和劣势。

我们最喜欢的调研模式是把同某个品类相关的基本特性列出来，然后让人们针对每个竞争品牌用 1～10 分给各个特性打分。这样做的目的是找出哪个品牌拥有了这个品类的哪个特性，这就是你提出论点的行业背景。

行业背景也包括市场的最新动向。你提出概念的时机是否恰当？

诺德斯特龙百货店"更好的服务"的差异化概念非常切合当时的背景，那时百货行业为了降低成本正在削减员工数量和减少服务项目。

正当美国企业把个人电脑联网时，莲花公司（Lotus）推出了基于名为 Notes 的"群组软件"的第一个成功网络。

这就像是在冲浪，你的行动太早或太迟都达不到预期效果。恰到好处地把握时机，你的差异化策略就能持久并创造利润。

第二步：找到差异化概念

做到与众不同就是不要雷同，做到独一无二就是自成一类。

所以，你要寻找的是让你和竞争对手区分开的东西。秘诀就是要明白，你的差异化不一定要和产品相关。

以马为例子。对，马可以按种类很快区分开，有赛马、跳马、牧马、野马，等等。你还可以按品种、表现、稳定性、驯马师等因素把马区分成不同种类。

又比如大学。美国有数量众多的大学和学院——共有3 600所，比世界上任何国家都多。这些大学在很多方面颇为相似，它们都乐意接受政府的帮助，特别是拨款和助学贷款等方面。

希尔斯代尔学院（Hillsdale College）位于底特律西部140多公里处，该校向它的保守的支持者提出了一个独特销售主张——拒绝国家的所有资助，甚至是联邦担保贷款。（它的竞争对手中极少能这么做。）

希尔斯代尔学院的宣传语是："我们免受政府干扰。"他们把学院定位成保守思想的圣地，从而强化了这个概念。

正如一位筹资人所说的："这是个我们能推销的产品。"他们有数字证明这一点。

把你的公司或产品区别出来的方法有很多，下面的章节将更详细地讨论这个问题。诀窍就是找到与众不同之处，然后用它为你的顾客建立利益点。

第三步：拥有信任状

要为你的差异化建立合理论点，你必须拥有信任状来竭力支持你的差异化概念,使之真实可信。我们前面提到过IBM,它的规模是它建立"电脑集成"差异化的核心信任状。

如果你拥有产品上的差异化,那么你应该能够找到论据证明那个差异化,证明也就成了你的信任状。如果你有防漏阀门,那么你就应该能够把你的防漏阀门和可能会渗漏的阀门进行直接对比。

缺乏证明的说辞仅仅是说辞而已。比如说,一辆"宽轮距"的庞蒂亚克(Pontiac)的轮距必须比其他车宽。英国航空公司(British Air)作为"全球最受欢迎的航空公司",它的乘客数应该比其他航空公司多。可口可乐作为"正宗货"必须是可乐的发明者。赫兹提出"赫兹的服务,其他公司都做不到",它就该有别人没有提供的独特服务。

你不能凭空建立差异化。顾客会持怀疑的态度,他们会思考:"好了,广告先生,请证明吧!"你必须能够支持你的论点。

这不完全像在法庭上。(虽然如果你受到公平贸易委员会或电视台的质问,你可能必须证明你的每个说辞。)

这更像是在一个公众舆论的法庭上。

第四步:传播你的差异化

正如你无法做到不露锋芒一样,你不能把你的差异化藏起来。

你为产品确立了差异化,并不意味着生意就此自动上门。拥有更好的产品未必立即就能获胜,拥有更好的认知才能成为赢家。没有某种助力,真相也未必会大白于天下。

你应该让传播的方方面面反映你的差异化,包括广告、宣传册、网站和销售演示。

我们有一个快餐行业的客户,它的CEO给特许经销商寄圣诞贺卡时,打电话过来抱怨贺卡里没有体现它的差异化概念。我们建议:"那是圣诞节,可以不去管它。"他反驳说:"不,我想在贺卡上体现出来。"不用说,他的差异化同他的圣诞卡一起发了出去。

再怎么传播你的差异化也不过分。

一个真正的差异化概念同时也是一个真正的激励工具。当阿维斯说"我们只是第二,所以我们更努力",它的员工牢记在心,他们为处于劣势感到自豪。

很多年前,我们为联合泽西银行(United Jersey Banks)确立"快速运作银行"的差异化概念时,它的员工领会了这种精神,他们想比大城市的竞争对手(我们称之为昏睡的全国性银行)更快捷,他们想要在批准贷款和解决投诉上做得更快,他们看到了更快回应顾客的价值。

在美国各大公司里有很多关于激励员工的愚蠢想法,这些想法是由主张"巅峰绩效"的一群人提出的,当然与之相伴的是昂贵的动员大会。

向你汇报的人不需要关于"我如何才能释放我真正的潜能?"问题的答案,他们想要得到答案的问题是:"是什么让这家公司与众不同?"

这个问题的答案是:"让员工产生兴趣并为之不懈奋斗的东西。"

真正的激励始于差异化概念这个武器，接着你要促使你的员工在销售、产品开发、工艺设计和其他工作中实施差异化策略（并让它开花结果）。

谈谈资源

仅有一个标新立异的差异化概念是不够的，你必须要有资源构建一个传播规划，向市场大声宣告你的不同之处。

缺乏资金的推动，即使是世界上最好的概念也不能坚持多久。发明家、创业者和创意策划人似乎想当然地认为他们的好创意所需要的一切就是专业的营销协助。

事实恰恰相反。营销是在预期顾客的心智中进行的竞争，只有有了资金才能进入顾客的心智；而且进入心智后，你也需要资金才能保持下去。

拥有一个普通的创意和 100 万美元与仅有一个伟大的创意相比，前者取得成功的可能性更大。

广告费是昂贵的

有些创业者认为广告是解决进入预期顾客心智这个问题的关键方案。广告宣传不便宜，第二次世界大战中每分钟需要支付的广告费是 9 000 美元，越战中每分钟的开销是 22 000 美元，而在美国 NFL 超级碗赛事上播出一则一分钟的广告需要花费超过 200 万美元。

史蒂夫·乔布斯和史蒂夫·沃兹尼克有个伟大的创意,然而,让苹果公司闻名于世的是麦克·马库拉(Mike Markkula)的91 000美元。(马库拉是风险投资者,他投了这些钱获得了苹果公司1/3的股权,他应该可以拥有一半的股权。)

没有资金做后盾的创意是毫无价值的。你必须用你的创意筹集相应的资金,而不是寻求营销协助。营销可以稍后进行。

有些创业者认为公关是进入预期顾客心智的省钱方法,他们把公关视为"免费广告"。公关不是免费的,我们的经验是5-10-20。为你的产品做推广,一家小公关公司每月收费5 000美元,中型公关公司每月收费10 000美元,大型公关公司每月收费20 000美元。

有些创业者把风险投资者看成其资金问题的解决方案,然而只有极少部分人通过这种方式寻求到了自己需要的资金。

有些创业者认为美国商业界时刻准备并心甘情愿地在财政上提供支持,让新创企业腾飞。那就祝你好运吧。很少有大公司会接受外来的创意,你的唯一希望是找一家小点的公司,用你的创意的优异之处说服他们。

记住,没有钱支持的点子是毫无价值的,准备好为筹款出让很多股份吧。

富有的好处

在市场营销中,富者越富,因为他们有财力把他们的概念推入心智。他们的关键核心是要找出好点子,扔掉坏点子,并避免把钱花在数量过多的产品和推广计划上。

竞争是激烈的,大公司花了大量的钱支持它们的品牌。宝洁公司和菲利普·莫里斯公司每年的广告支出都超过20亿美元,通用汽车每年广告支出为15亿美元。

技术产品或工业产品不同于消费品,它们需要筹集的市场营销资金较少,因为预期顾客的数量较小,媒体也较为便宜。然而技术产品仍然需要足够的资金用于宣传册、销售演示、展览会和广告。

钢铁电脑公司的倒闭

看看一家真正拥有差异化概念的电脑公司的可悲经历,它的差异化概念是在恶劣环境下使用的个人电脑,比如说在高温的餐馆厨房里。

没有人生产如钢铁般坚实的电脑,因此一个名叫约翰·奥皮卡(John Opincar)的人从朋友和亲戚那里借了5万美元,创办了钢铁电脑公司(Iron Computer)。

但他过分依赖充满风险的网上IPO,他没能筹到更多资金,因而没有能力进行真正的营销,结果钢铁电脑公司怀揣着绝妙的差异化概念破产了。

金钱驱动营销市场的运转。如今你若想成功,就必须找到转动营销这个轮子的资金。

第10章 差异化产生在心智中

DIFFERENTIATE OR DIE

正如你在上一章中读到的,实施差异化策略的最后一个步骤是要构建一套传播方案,让人们注意到你的不同之处。

这样做需要"定位"。关于"定位"这个课题,我们从1969年一直写到现在。虽然在商业中有很多人使用"定位"这个词,但很多人还不知道定位的含义:在预期顾客的心智中实现你的产品差异化。

如果你尚未接触过我们关于定位的书、演讲和文章,这里我们再简明扼要地讲述一下心智运作的原理和定位的核心原则。

如果你掌握了心智运作的原理,那么你就能理解定位。这些原理将是我们在后面章节中提出的差异化建议的基础。

心智疲于应付

心智仍然是一个谜,但是有一点我们是肯定的,心智正受到来自四面八方的夹击。

大多数西方社会已经完全变成了"传播过度"的世界,媒体形式的暴增以及随之而来的传播量的增长已在很大程度上影响了人们接受或者忽略向他们提供的信息的方式。

传播过度已经完全改变了与人沟通和影响人们的方式。20世纪70年代出现了信息传播超载现象,到了世纪之交则变成了海量传播。

这里有一些统计数字能说明这个问题:

- 过去30年里产生的信息比之前5 000年产生的信息还要多。
- 以文字印刷出来的知识每四年或五年翻一番。
- 一期《纽约时报》包含的信息量比一个17世纪的普通英格兰人一生接触的信息量还要大。
- 每天全球有超过4 000本书出版。
- 每个白领平均每年用掉70公斤的复印纸,是10年前使用量的两倍。

电子轰炸

我们传播过度的社会在电子方面又如何呢?

据《科学美国人》(*Scientific American*)报道,在本来就有的数亿网页的基础上,互联网上每天要增加100万个电子网页。

无论你在哪里，卫星都在把无穷无尽的信息发送到全球的每个角落。当英国的一个孩子长到18岁时，他可能已看过140 000条电视广告。在瑞典，平均每个消费者每天收到3 000条商业信息。

从广告信息角度看，如今欧洲的11个国家每年播放超过600万条电视广告。在美国，电子方面的过度传播正在继续无休止的进攻。专家预言美国电视频道数将由150个增加到500个。（当你找到要看的节目时，节目可能已接近尾声了。）

还有电脑，以及被大量报道的信息高速公路，它许诺通过光缆、光盘或其他方式将大量信息传到你家里。

所有的一切意味着你的差异化策略必须尽可能简单，尽可能容易看到，并且在所有媒体上重复不停地传播。政治家持续"宣传观点"，营销人员必须持续"宣传差异化"。

心智容量有限

营销人员和他们设法影响的人类心智往往处于冲突之中。

不幸的是，当他们提出的论点呈现在心智面前时，心智其实没有能力处理那些可观的信息。

我们的认知是有选择的，同时，我们的记忆也是很善于选择的，我们生理上的限制决定我们不能处理无止境的刺激。这意味着在一个充满竞争的品类中，除非你的差异化是引人注目的，否则这种差异化可能是不够的。

观看不等于把世界拍下来，观看只是记录一个图像。打开录音机就能录下信息，但记忆不是录音机。

根据多年来对做广告的不同品类的阅读率评分汇总的数据分析，你的信息能传达多少在很大程度上取决于你所销售的产品是什么。

比如，鞋子广告的趣味性是地毯广告的两倍，不管是哪个品牌或者提供了什么利益都是如此。

同样，香水广告的平均阅读率是家具广告的近两倍。

甚至有个"无兴趣"的品类，人们不会记住其下的任何品牌名称。那就是棺材，领导品牌是贝茨维尔，然而读了几段文字后，你就会忘了这个品牌。

这些趣味等级和偏好甚至在你拿起一本杂志或一份报纸时，就早已稳固存在于心智中了。正因为如此，市场上处于第一和第二位的品牌要比后面的品牌享有更大的心理优势，领先品牌往往抢占了最重要的差异化。

心智厌恶混乱

人类比世界上已有的任何生物都更依赖学习。

学习是动物和人类获得新信息的方式，记忆是他们长期保存信息的方式。记忆不仅仅指你记住一个电话号码的能力，它是一个动态系统，在思想处理过程中的每个层面都会被用到。我们凭记忆去观察，运用记忆去理解语言，凭借记忆去认路。

既然记忆如此重要，那么记住信息的秘诀是什么？

当爱因斯坦被问及哪一件事对他提出相对论的帮助最大

时，他的回答是："弄明白如何思考这个问题。"

找到问题的本质是成功的关键。通常来说，这就是要深入了解你的竞争对手以及他们在你的预期顾客心智中的位置。

你想做什么不重要，关键是你的竞争对手能让你做什么。

简单的力量

有些产品的基本概念就预示着失败，不是这些产品没有用，而是其不合理。想想 Mennen 维生素 E 除腋臭剂，没错，在你的腋下喷洒维生素制剂。这种产品毫无意义，除非你要拥有国内最健康、营养最好的腋窝。该产品很快就失败了。

想想苹果的牛顿机（Apple Newton），它集成了传真机、传呼机、年历和笔输入计算机等，产品太复杂了，最后失败了，而更为简单的 Palm Pilot 则获得了巨大的成功。

真正进入厌恶混乱和复杂的心智的最好方法是极度简化你的信息。

一些最成功的传播规划聚焦于一个词。（例如富国银行的"快捷"、沃尔沃的"安全"、李施德林的"杀菌"。）

由此得出的经验是不要试图面面俱到地讲述你的实情，而要聚焦于一个强有力的差异化概念上并把它推入消费者心智。

灵光闪现"看到"解决问题的简单方法的突然直觉，那种心智的创造性跳跃是完全不同于通常智慧的。

如果有找出那几个简单字眼的窍门，那就是在编写你要说的故事时狠下心来。

你能说而别人也能说的东西都删除掉，需要复杂分析才能证实的东西都抛掉，所有不符合你的顾客认知的东西都避开。

心智缺乏安全感

纯粹的合理性不能保证你的论点胜出。我们在第6章中谈到过，心智既是感性的又是理性的。人们为什么会买某些东西？为什么人们在市场上表现出这种行为？

当人们被问及为何购买某个东西时，他们的回答往往不太准确，也不是很有用。

这也可能表明他们确实知道，只是不愿意告诉你真实原因。更多情况下，他们确实不清楚自己购买的动机。

因为当心智回忆时，会想起那些已不复存在的东西。正因为如此，一些成功品牌即使停止播放广告，其辨识度在很长时间里仍会保持很高水平。一切都和第一有关（关于这一点，请读第11章）。

20世纪80年代中期，有人进行了一个对搅拌机的印象测试。他们要求消费者想起来所有搅拌机的品牌，结果通用电气排在第二位，尽管它已经有20年从未生产过搅拌机。

跟风购买

更多情况下，人们购买他们认为应该拥有的东西——他们有点儿像跟着羊群走的羊。

大多数人确实需要一辆四轮驱动的汽车吗？（不。）如果是的话，为什么几年前这种车不流行？（因为那时它不时尚。）

导致这种行为的主要原因就是缺乏安全感，关于这个课题，科学家们著述颇多。如果你的产品已经存在很久了，人们会更信任你，在购买你的产品时就会感觉安全可靠。这就是"经典"为什么是个很好的差异化概念的原因（请看第 14 章）。

由于多种原因，心智缺乏安全感。原因之一就是在做像购物这样的基本的事情时，心智察觉到的风险。行为科学认为存在五种形式的可察觉风险：

- 金钱风险（可能因此损失钱财）。
- 功能风险（可能它无法工作或工作失常）。
- 生理风险（看上去它有点危险，可能会伤到我）。
- 社会风险（如果我买了它，我的朋友会怎么看我）。
- 心理风险（如果我买了它，我可能会有负罪感或不负责任）。

所有这些解释了人们同情弱者，但却会购买心目中的领导品牌的原因。如果其他人都在买它，我也应该买它。

心智拒绝改变

试图改变市场上的心智是徒劳无益的。比如：

- 施乐试图让市场相信它不能复印的机器也是物有所值

的，为此它损失了数亿美元。没有人会买施乐电脑，但他们仍会购买它的复印机。
- 大众试图让市场相信它生产的不仅仅是甲壳虫那样小型、可靠、经济的汽车，之后它的股价一下跌掉了60%。没人买他们的大型车。而当大众重新推出甲壳虫汽车后，人们就蜂拥购买。
- 可口可乐试图让市场相信自己有比"正宗货"㊀更好的产品，结果既损失了钱，还毁了声誉。没有人买它的新可乐，但它的经典可乐和往常一样热销。

一旦市场对一个产品形成了认知，就很难改变。

约翰·肯尼思·加尔布雷思（John Kenneth Galbraith）曾经说过："当要在改变心智和证实没有必要这么做之间进行选择时，几乎每个人都忙于证实没有必要。"

心智会失去焦点

失去焦点其实皆因品牌延伸而起。营销中没有比品牌延伸更具争议的事了。

企业从经济学的角度看待它们的品牌。为了获得成本优势和行业认可，它们很愿意把一个代表了特定产品或概念的高度聚焦的品牌，转变成代表两种或两种以上产品或概念的失去焦

㊀ 指可口可乐的经典可乐。——译者注

点的品牌。

让我们从心智的角度看待品牌延伸问题。你赋予品牌的变数越多,心智就越会失去焦点。慢慢地,像雪佛兰这样曾经有很好差异化的品牌变得毫无所指了。

Scott 是卷筒纸的领跑者,它通过品牌延伸扩展出 Scotties、Scottkins 和 Scott Towels。很快,写在购物清单上的"Scott"没有了多大含义,其领导地位被 Charmin 品牌取而代之。(第 20 章将继续谈这一点。)

一些令人吃惊的研究发现

大约有 70% 的新产品是由既有品牌推出的,你可能会认为这些公司应该在品牌延伸的好处方面有一些支持数据,但是事实刚好相反。

《消费者营销杂志》特别提到了一个对美国和英国的 5 个市场上 115 个新产品上市做的大规模研究。[1] 该研究比较了用已有的家族品牌或公司品牌命名的新产品获得的市场份额和用新品牌名称命名的新产品获得的市场份额。

比较的是在新产品上市两年后的市场份额——品牌延伸产品的表现明显比新品牌产品差。

《哈佛商业评论》发表了针对品牌延伸的一项研究。[2] 结论是,除了其他影响之外,品牌延伸削弱了品牌形象,扰乱了行业关系。(更多原因,请看第 20 章。)

专业的力量

如果你研究商战,就会发现很好地实施了差异化的专业化品牌往往会成为赢家(请看第 15 章)。

专业化品牌为何看起来会给心智留下深刻印象呢?这里有一些解释。首先,专业化能聚焦在一个产品、一个利益点和一条信息上。这种聚焦使得营销者能让他们的信息更有穿透力,迅速进入心智。

达美乐比萨(Domino)可以聚焦在递送到家上。必胜客则不得不谈论它的不同比萨、递送到家和店内服务。

其次,专业化能够被人们理解为专业或最棒。人们会认为,如果专业化品牌只做这个,它必定做得很好。

最后,专业化能成为品类的"代名词"。施乐成了复印的代名词(人们会说"请帮我施乐一下"),联邦快递成为隔夜送达的别称(人们会说"我会联邦快递给你")。尽管律师们讨厌这些,但是,让一个品牌名称成为代名词是商战中的顶级武器。但只有专业化品牌才能做到这一点,通用品牌不会成为代名词。

第11章 成为第一是个差异化概念

DIFFERENTIATE OR DIE

以一个新概念、新产品或新利益进入心智具有巨大的优势，这是因为心智不喜欢改变，我们在前一章已经说过这一点。

心理学家把这种现象称为"保持现状"。很多实验表明了保持现状具有很强的吸引力，大部分的决策者对维持现状的选项有很强的偏向态度。

底线是：人们倾向于坚持已有的东西。如果你遇上了比你的妻子或丈夫稍微出色的人，换配偶绝对不值得，律师费、分房子和分孩子这些事够你烦的。

如果你第一个抵达，当你的竞争对手试图模仿你时，他们所有的行动都会强化你的概念。第一个进入心智比设法让人相信你的产品比首创者更好要容易得多。

第一仍然是第一

哈佛大学是美国的第一所大学,现在人们仍然认为它是领导者。

《时代》杂志仍然领先于《新闻周刊》,《人物》杂志领先于《人们》杂志,《花花公子》杂志领先于《阁楼》。

克莱斯勒发明了微型厢式车,至今仍然是微型厢式车的领导品牌。赫兹是第一家租车公司,如今仍然保持着机场租车的领导地位。

惠普是桌面激光打印机领导品牌,太阳是工作站的领跑者,施乐仍处于复印机业的领导地位,这样的例子数不胜数。

在人们的心智中,这些公司作为品类首创者或产品首创者的事实,使得它们区别于它们的跟随者。它们是第一个登上山顶的,所以获得了殊荣。

正因如此,法国依云(Evian)纯净水花 2 000 万美元做广告提醒消费者它是首创者。

家庭中也是如此

始创产品很像家里的第一个孩子,自信、积极主动,并且通常处于主导地位。

在品类中不是第一的产品就像后出生的孩子,往往被贴上受压迫者的标签,并挑战既有秩序。

这就是后进品牌要想获得成功往往采用侧翼战的原因,它们以一个不存在竞争的特性或概念作为差异化。

美国麻省理工学院的科学家弗兰克·萨洛韦(Frank Sulloway)博士说,家里的第一个孩子成长时知道,他"比年幼的弟弟妹妹们更大、更强、更聪明"。萨洛韦博士还说,家里的第一个孩子也更容易嫉妒,对地位敏感并准备保卫他的领地,因为他看到自己的领地遭到新人的入侵。[1]

萨洛韦是科学历史学家,他用20年时间仔细研究了2 000多个关于出生秩序及其影响的不同研究。

萨洛韦提出了引人注目的论点:无论性别、阶层或国籍,家里的第一个孩子认同权威,所以他们要捍卫这种现状。

成为第一的公司和产品也是一样。

为什么第一总能保持第一

人们认为第一是原创,其他都是仿冒者。原创意味着具备更多的知识和更高的专业化程度,这就是可口可乐的"正宗货"获得消费者响应的原因。(这个概念永远不能放弃。)

研究表明,在大多数情况下,成为市场第一比后来者能获得更显著且可观的市场份额优势。这迫使后来者不得不去寻找他们自己的独特定位战略。

百事可乐"新一代的选择"就是这种例子。既然可口可乐是原创,它显然就受到年纪大的人的青睐。百事在可乐中多加一点点糖,针对年轻人,这个差异化概念也获得了目标顾客的积极响应。(这个概念也是永远不能放弃的。)

第二位品牌的消亡

百事可乐找到了差异化之路,而那些未找到差异化的品牌就很难存活下来。

爱德唯是第一种非处方布洛芬。在它出现之前,市场上只有美林(Motrin),美林只能凭处方购买。实际上,爱德唯把自己宣传成"同处方药美林一样效果的药品"。对预期顾客来说,这意味着爱德唯是严格的药品,同时价格不那么昂贵。

努普林(Nuprin)是第二个打入该品类的品牌,美迪普林(Medipren)是第三个,但是,这些品牌都没有找到使自己区别于爱德唯的方法,结果都消亡了。

今天,只有美林IB还幸存,但市场份额只有爱德唯的不到1/3。美林IB幸存而其他品牌消亡的原因就在于它早先推出了布洛芬。

代名词的优势

第一品牌倾向于保持主导地位的原因之一,就是它的名字通常会成为品类的代名词。施乐第一个推出普通纸复印机,它成了所有普通纸复印机的代名词。人们会站在理光(Ricoh)、夏普(Sharp)或柯达(Kodak)复印机前面说:"我该如何施乐(复印)呢?"盒子上明明印的是Scott,可他们却问你要舒洁(Kleenex)。他们明明只有百事可乐,却会说给你一罐可口可乐。

有多少人会说来卷透明胶带而不是说来卷思高（Scotch）带呢？不多。大多数人会使用成为代名词的品牌名称，如邦迪（Band-Aid）、Fiberglas、Formica、戈尔特斯（Gore-Tex）、Jell-O、Krazy Glue、Q-tips、Saran Wrap 和 Velcro，这些只是一小部分。有些人会不遗余力地将品牌名称变成代名词，例如"把这包裹联邦快递到海边去"。如果你正在一个新品类中推出第一个品牌，你应该想方设法找一个能成为代名词的品牌名称。（尽管律师不主张这么做，但他们对营销懂什么呢？）

说些坏消息

第一个或新的重大概念可能起步很缓慢，要花费很长时间才能获得商业上的成功。

- 20世纪20年代发明的35毫米照相机到20世纪60年代才在日本成功，经历了很长一段时间（40年）。
- 微波炉发明于1946年，但是直到20世纪70年代中期才被人们接受（30年）。
- 录像机在1956年推出，但是直到1975年，家用市场才启动（20年）。
- 电话应答机在20世纪50年代后期发展缓慢，需求在20世纪80年代中期暴增（25年）。
- 电视游戏开始于1972年，那时市场先是膨胀接着衰败。直到1985年，任天堂进入市场后，长期需求才得以实现（13年）。

- 在淡啤的开创者设法搞明白如何给顾客定位产品的时期，淡啤发展疲软（9年）。

这就意味着：当你是第一时，你必须做好坚持到底的准备，别让别人窃取你的创意。

更多坏消息

一旦成为第一，即使你坚持了很久，仍然不能保证成功。看看下面这些抄袭者赶超开创者的故事：

- 在日本抄袭、改进德国技术并降低价格之前，莱卡（Leica）数十年来一直是35毫米照相机技术和市场的领跑者。莱卡无半点反击，最终成了弱者。
- 圆珠笔的风潮在20世纪40年代首次出现，雷诺兹（Reynolds）和永锋（Eversharp）都是开创者。比克（Bic）后来挤入市场，销售便宜的一次性圆珠笔。两个开创者最终被淘汰出局。
- 数位研究公司（Digital Research）开创了针对个人电脑的CP/M操作系统，它是早期的标准，但没能为IBM的个人电脑提供升级系统。微软公司买下了一个抄袭CP/M的升级系统，变成了新的标准。Windows随后出现，接下来的情况就不用说了。
- 大来卡（Diners Club）在1950年首创了信用卡。在这个行业里钱是核心资源，而它却没有足够的资金。如今维萨卡(Visa)无处不在,而大来卡已销声匿迹。
- 德哈维兰(de Havilland)是一家英国飞机制造商,它冲向市场推出了喷气式飞机,但它的飞机经常会出现坠机事件。波音(Boeing)紧随其后,推出更安全、更大、动力更足且不会坠机的喷气式飞机。猜猜谁赢了?
- 阳光饼干公司(Sunshine Biscuits)推出Hydrox,开创了巧克力三明治曲奇市场。Nabisco在1912年推出了奥利奥(Oreo)曲奇。Nabisco在分销渠道和广告上的优势使得阳光饼干公司无半点优势。Nabisco成了美国原创,尽管它根本没有独创。

失败者的名单长得很,但是你该认识到:成为第一是一回事,保持第一是另一回事。驾驭浪潮需要付出极大的努力。吉列开创了剃须刀片,如今是主导性的领导品牌。吉列持续不断地创新并无情打败所有推出新概念的进入者(比如,威尔金森公司(Wilkinson)推出的不锈钢刀片),才取得今天的地位。如今,吉列占据了全球刀片市场65%的市场份额,没人能夺走它的业务。

需要一个好概念

成功的"第一们"不是投机取巧,它们是有好概念。相反,没能成功的"第一们"有的是糟糕的概念。

雷诺烟草公司(R.J. Reynolds)在无烟香烟上损失了大笔金

钱。无烟香烟是同常识相悖的。该公司的理论是无烟香烟会吸引不抽烟的人，不幸的是，不抽烟的人不买烟。

帕米亚（Premier）香烟推出后惨遭失败，大约3.25亿美元就此化为灰烬。这种烟很难点燃，没有烟灰（而吸烟者喜欢弹烟灰）并且难闻。雷诺的总裁曾说过："这烟抽起来像蹩脚货。"帕米亚可能是第一，但它太荒谬了。

接着，我们说说第一个给狗吃的冰激凌冻爪（Frosty Paws）。它的广告宣称："这不是冰激凌，但你的狗会认为是。"请了解一下现实情况吧。有一点毫无疑问，你的爱犬几乎会吃你扔在地板上的任何东西。你的爱犬需要高价的假冰激凌吗？还有，你真会买给它吗？

靠一个愚蠢的概念成为第一就是愚蠢，它只会让你一事无成。

再说个悲惨故事

凭借某个概念成为第一，这一点最重要，但这个概念必须是一个可实施的差异化概念。看看罗森汽车（Rosen Motors）的惨痛故事，这家公司创建于1993年，却在1997年倒闭。

罗森兄弟是令人敬佩的人。哈罗德曾经是休斯电子公司（Hughes Electronics）的工程师，他开创了同步通信卫星。本曾经是康柏电脑公司的主席，是个人电脑行业的传奇人物。

他们花了3年时间，投入2 400万美元，开发出一种汽车动力传动系统，它的调速轮能储存动力。这个系统能储存通常在刹车时耗散的动力，然后在突然加速时释放这些动力，这是涡轮机无法做到的。测试车证明这是个好概念。然而在底特律，这却成了糟糕的概念，因为那些车厂不愿意把汽车的重要部件外包给其他生产商。

大的汽车制造商冷落了罗森汽车有创见的动力传动系统，因为它们有其他概念，而调速轮技术不在它们的考虑之内。罗森汽车的差异化概念不可行，因此被迫出局，它的想法只是一厢情愿。

现在看看丰田用混合动力储存动力而获得的成功。混合动力有一个完美结局，因为丰田有资源让自己的远见走向市场。之前，我们写了一本名为《22条商规》的书，其中最后一条叫"资源法则"。这条法则警告读者：缺乏恰当的资源，即便是最优秀的概念也无法起飞。罗森汽车公司缺乏资源。

被忽视的"首创者"

翻开黄页为你的家选择一个品牌的空调，你会看到很多品牌，如特灵（Trane）、飞达仕（Fedders）、开利（Carrier）和其他声称能提供此类产品的公司。如果你看看它们的口号，你会看到诸如"放松，我们是瑞姆（Rheem）""雷诺士（Lennox），少一份担心""定制室内气温"或者是"定制你的环境"之类，很难找到这些品牌之间的差异化。它们真是一样的吗？你的唯一选择就是到隔壁去看看你邻居家里用的是什么牌子的空调。

然而，如果你真想深究一下空调的历史，你会发现空调是由一位绅士在1902年发明的。很少有人知道这位带给我们舒适感的人的名字，因为他几乎花了所有时间在实验室里改进他的发明，所以他没有出名——他的名字叫威利斯·开利（Willis Carrier）。

开利的机会是利用历史传统，并用一些新设计更新空调。

它应该停止忽视自己历史的行为，他们该说"我们发明了空调"，以此使自己同其他品牌区别开来，而不要再说"我们是内行"了。

一个健康的第一

这里有一个新产品"第一"，它顶住了逆境，获得了成功。

空气宝（Airborne）是第一种用来对付空气中传播的细菌和病毒的草本保健产品。空气宝由维生素和草本组合而成，承诺能保护在10 000多米高空的乘客免受不健康的空气的侵害，或者保护小学教师免受流鼻涕的小孩子的传染。

美国膳食补充剂市场的年销售额达到了210亿美元。空气宝于1997年上市后迅速成为咳嗽和感冒类产品销量第一的草本补充剂，其2006年的销售额为1亿美元。

从众效应推动了空气宝的快速增长，好莱坞名人喜欢这产品，职业运动员和大学的运动训练员也对它推崇备至。

成功的第一催生模仿者，空气宝的抄袭者们更是明目张胆。沃尔格林连锁药店（Walgreens）推出了沃尔宝（Wal-borne），其包装风格、颜色和空气宝一模一样。其他连锁药店则推出了空气屏障（Air Shield）和空气卫士（Air Defender）。然而到目前为止，空气宝作为市场的开创者仍然保持着自己的优势。

一个兼并的故事

一家名为克兰森工业公司（Kranson Industries）的组织正在收购一些包装分销商。这些公司不生产包装，而是要为那些一年用不了很大数量包装的公司提供各种各样的包装解决方案。

很快，它收购的公司的规模有第二大分销商的两倍大，是其他大部分分销商的5倍大。它准备成为与众不同的工业公司。

克兰森合并了它最大的两个分销商，卓佳（Tricor）和布朗（Braun），成立了"行业里第一个超级分销商"，名为卓佳布朗（TricorBraun）。

这个新的超大组织具备了信任状，可以提供更大的采购优惠、更多的设计方案和开发支持，以及解决复杂包装难题的更多专业化知识。

它在一次大型行业展览会上推出了这个新实体，正如首席执行官理查德·格拉斯曼（Richard Glassman）宣称的："我们把小的竞争对手吹得无影无踪。"

成为第一，你自然就会与众不同。如果你能坚持住并击退模仿者，就会获得巨大成功。

做善事第一

市场上有 500 个左右的瓶装水品牌,有大品牌也有小品牌(第 12 章有更多关于水的论题)。有一个名为"守护之泉"(Keeper Springs)的山泉水品牌,它确实有一个吸引人眼球的差异化:不留利润。

守护之泉是护水联盟(Waterkeeper Alliance)的产品,这是一个环保组织,它正致力于为治理受污染河道的事业募集资金。该组织的支持者之一是一位环境方面的律师,名叫小罗伯特·F. 肯尼迪。

它的差异化概念体现在每个瓶子上:所有的利润都用于环保。它用一个绝妙的概念推出产品:"只要喝一小口,你就对环境做出了比大多数政客还要大的贡献。"

正如它的广告公司的总裁说的那样:"我们感觉有了一个非常清晰的差异化概念,我们应该推动这个差异化。"[2]

说得好。用你所有的利润做善事当然是个独特销售主张,这个主张也肯定不会招来太多模仿者。

借用的第一

在世界的某个地方成为第一,不妨碍其他人借用这个概念并在他的地区推出一个"第一"。

西班牙的一位绅士就是这样做的。

费尔南德斯·普贾尔斯(Fernandez Pujals)在佛罗里达的

劳德代尔堡长大，他并不羞于借用达美乐比萨递送到家的概念。他为自己的品牌起了一个好名字——电话比萨（TelePizza），并投入了8万美元，成为马德里的第一家递送到家的比萨店。

在这10多年里，电话比萨已经在5个国家开了差不多600家店，他"借用的第一"现在价值18.5亿美元。

正如托马斯·爱迪生所建议的："养成一个习惯，不断留意别人成功运用的新鲜有趣的概念。"

换句话说，成为第一常常就意味着要做个观察者。

第12章 拥有特性是个差异化概念

DIFFERENTIATE OR DIE

很多词在营销中被广泛使用但却没有被真正理解，"特性"一词就是其中之一。所以，在我们深谈之前，先要把定义亮出来。

首先，一个特性是某个人或某个事物的个性、特点或与众不同的特征。

其次，人或物是各种特性的混合体。每个人在性别、体型、智力、技巧和魅力方面都是不同的，每个产品根据它所属的品类也具有一系列不同特性。比如，每种牙膏在防止蛀牙、防止牙菌斑、口味、洁白牙齿和保持口气清新方面都是不同于其他牙膏的。

拥有一个特性

以某个特性广为人知，可以令一个人或一个产品独一无二。

玛丽莲·梦露以她的魅力闻名，佳洁士牙膏以防止蛀牙闻名。梦露可能智商很高，但是这不重要，令她特别的是其人见人爱的美貌。佳洁士也是如此，它就是防止蛀牙，口味如何不重要。

拥有一个特性可能是为一个产品或一项服务实施差异化的第一方法。

但是要注意，你不能拥有与竞争对手相同的特性或位置，你必须找到另外一个特性。

企业试图模仿领导品牌的情况时常发生，它们的理由是"领导品牌肯定知道什么有用，所以让我们做同样的事"，这可不是好想法。

更好的方法是找一个相反的特性，并以此同领导者较劲。这里的关键词是"相反"，雷同是无效的。

可口可乐是原创者，因此它是年纪大的人的选择；百事可乐把自己定位为"新一代的选择"，获得了成功。

波旁酒行业被两个J打头的品牌操控，吉姆·比姆（Jim Beam）和杰克·丹尼（Jack Daniel）。于是美格（Maker's Mark）着手寻找并拥有了一个特性，使自己小得多的销售额变得更具吸引力："我们的波旁酒手工酿造，口感极佳。"

由于佳洁士拥有防止蛀牙的特性，其他牙膏就避开了防止蛀牙，继而转向其他特性，如口味好、洁白牙齿、保持口气清新以及最近出现的在牙膏中加入苏打粉。

如果你不是同类品牌的领导者，那么你的字眼必须有狭窄的聚焦。然而更重要的是，你的字眼必须在你的品类中"可以获得"，没有被其他人占据。

聚焦是关键

最有效的特性是简单的，并以利益为导向。无论产品如何复杂，无论市场的需求如何复杂，聚焦于一个字眼或一个利益点总比有两个、三个或四个好得多，并且要坚持到底。百事可乐和可口可乐的显著区别就是百事可乐以年轻人为导向。百事可乐越是提出诸如"可乐的乐趣"的同质化宣传语，就越会失去差异化。

此外，还存在光环效应。如果你牢牢建立了一个利益点，预期顾客可能会赋予你的产品很多其他利益点。一种"更浓稠"的意大利面条酱意味着高品质、配料营养丰富、有价值，等等。一辆"更安全"的汽车意味着更好的设计和工艺。

无论是不是精心规划的成果，大多数成功企业（或品牌）都在预期顾客的心智中"拥有一个字眼"。

接下来的部分让你领略一下市场上的那些字眼或特性之战。

特性并非生来平等

对顾客而言，有的特性比其他更加重要，所以你必须想方设法占有最重要的特性。

防止蛀牙是牙膏重要的特性，你可以占有这个特性。但是有一条简单真理，那就是一旦这个特性被你的竞争对手成功占据，它就消失了，我们把它称之为"独占定律"。你必须转移到重要性稍差的特性上，占据较少的份额，并以此为生。你的任务是找到一个不同的特性，尽情展现你的特性的价值，进而扩大市场份额。

美国汽车行业就有这样的例子。很多年前，底特律的汽车厂商先后遭受了德国汽车、日本汽车的入侵，它们都带着一个新特性。

汽车的特性

多年以来，底特律的汽车厂商以其"大型""强劲"和"舒适"特性主导了美国汽车市场。

接着，德国大众车登陆美国市场，它是第一种"经济""可靠"和"外观难看"的"小型"汽车。底特律的汽车厂商笑笑，对自己说："美国人想要外观漂亮的大型车，而且我们有研究可以证实这一点。"

接着，日本车登陆美国市场，它们的车型小且外观漂亮。很快底特律的汽车厂商笑不出来了，因为1997年销售了130万辆小型车，其中40%是日本车和德国车。

如今，在汽油每加仑超过3美元的情况下，小型车的趋势仍在继续。根据处于领导地位的汽车网Edmunds.com的数据，2007年5月，小型轿车在美国轿车总销量中的份额达到了创纪录的21%。小型车的热潮特别有助于日产公司，它在过去几年里获得了两位数的销量增长。

底特律三大汽车厂商的情况怎么样？持续的小型车趋势对通用汽车、福特和克莱斯勒不是个好兆头，它们没有竞争对手那么多的新款小车。(它们靠 SUV 和卡车获得销量和利润。)

如果你研究汽车品类,你会发现强势品牌拥有重要特性:

宝马	驾驶
沃尔沃	安全
奔驰	工艺设计
捷豹	造型
丰田	可靠
法拉利	速度

而雪佛兰、日产、水星(Mercury)那样的品牌是弱势品牌,因为它们没有焦点,没有拥有任何特性。

不要放过任何特性

吉列从不嘲笑同它现有产品相反的特性。这个世界第一的剃须刀刀片生产商以高科技剃须刀和刀片为核心。当法国的一家新公司以"一次性"剃须刀在品类中提出一个相反特性时,吉列本可以一笑了之,并拿出它研究证明的美国人想要的是有分量的、贵的高科技剃须刀,但是它没有这么做。

相反,吉列很快推出了自己的一次性剃须刀,叫 Good News。吉列投入巨资,才得以赢得一次性剃须刀的胜利。

如今,吉列的 Good News 剃须刀主导了一次性剃须刀品类,而这块市场也增长到了主导剃须刀片业务的地步。其中的

经验就是:

你不能预测新特性的市场规模,所以千万不要嘲笑。

信用卡的特性

维萨卡占据了"无处不在"的特性,并以此主导了信用卡领域。它现在几乎占了信用卡市场 11 600 亿美元年交易额的 53%。1985 年,维萨卡的份额是 44%,几乎同万事达卡(MasterCard)势均力敌;如今维萨卡的份额是万事达卡的两倍。

万事达卡的问题在于它没有拥有独特的特性。它试图像维萨卡那么做。(严重错误。)既然维萨卡在其以世界旅行者为主题的华丽广告中"无处不在",万事达卡就应该聚焦于"日常使用"的特性,它应该成为在杂货店和加油站之类的地方使用的"大街上的支付卡"。(至少万事达卡现在的"万事皆可达,唯有情无价"广告宣传正指向那个方向。)

没能拥有一个特性是万事达卡代价高昂的教训。

零售业的特性

没有比大宗零售行业更残酷的战斗了,那些大型连锁店正在激烈交战。那些有差异化的连锁店做得很好,没有差异化的则难以存活。

沃尔玛是规模最大的,也可能是最强硬的大型连锁店,它的特性十分直白——天天低价,并且它有实力和技术支持这一特性。

塔吉特是 Dayton Hudson 公司旗下一个有 210 亿美元销售额的子公司，它通过使低价购物成为流行，摆脱了寒酸的折扣形象。它的差异化特性可以这样描述："有档次的大众店。"它有广告和设计精美的产品来支持这个差异化特性。（塔吉特的热衷者喜欢用近似法语的发音称之为"Tar-zhay"。）

埃姆斯（Ames）是一家有 40 亿美元销售额的区域性连锁企业，它试图通过锁定比沃尔玛的顾客群档次稍低的人群而生存，它的差异化可以描述为："无档次的大众店。"它通过降低成本、充足备货、把货卖给工人阶层和老人来支持自己的概念。但没人能比沃尔玛更低价，如今埃姆斯消失了。

卡尔多（Caldor）是一家位于美国东北部的有 140 家店的连锁企业。它没有差异化特性，于 1999 年年初消失了，被埋入了尘土中。

正如我们想在这本书中表达的核心思想，要么做到与众不同，要么消失。

快餐行业的特性

当汉堡王（Burger King）试图抄袭麦当劳"快"的特性时，它失败了。汉堡王本该怎么做呢？用相反的特性？绝对相反的特性——慢，在快餐行业是行不通的（虽然汉堡王"我选我味"的概念中有慢的因素）。

到麦当劳的任何一家店走一圈，你肯定会发现麦当劳有另一个特性——"儿童"。麦当劳的确是小孩子拽着父母去的地方，麦当劳的儿童乐园可以证明这一点。这提供了一个机会，百事可乐和可口可乐之战生动演示过这个机会。既然麦当劳有"儿童"特性，汉堡王就有机会把自己定位成针对年纪稍长的人，包括那些不想被视为儿童的孩子，那通常是指超过10岁的任何人。（一块不错的市场。）

为了让这个概念起作用，汉堡王不得不舍弃所有的小孩子，把他们让给麦当劳。这么做可能意味着丢掉一些市场份额，但这能让汉堡王给麦当劳贴上"儿童的乐园"的标签（请看第21章关于舍弃的内容）。

为了把概念推入预期顾客的心智，汉堡王需要一个词语，这个词应该是"长大"，成熟地面对汉堡王的火烤味道。

这些都没有发生，所以麦当劳没受什么影响。

水的特性

即使是像水这样的日用商品也能用特性实施差异化。水作为产品，人们可能觉得乏味，但是水在市场上绝对是一个热销商品。在美国，水的销量超过1 000多万升。（碳酸软饮料是4 000多万升。）

对营销人员来说，水是一瓶瓶的液体黄金，因为人们花钱买到的就是水而已，而不是其他。为此，我们毫不奇怪会看到全世界爆发的水的战斗。比如，在比利时会听到布鲁（Bru）水的故事，那是一种产于阿登高地的含有少量气泡的矿泉水。

更确切地说，水源位于Ambe Eve山谷的Stoumont，那是一个自然保护区。

比利时的少量气泡

由于布鲁水仅仅含有少量气泡,这使它陷于普通水和高含气矿泉水之间的尴尬位置,因此它就缺乏特性。

要充分利用已有的东西。

该公司推出了"少量气泡"的特性,并称之为"珍珠",其销量从1981年的100万升增加到1996年的4 200万升。如今,布鲁水凭它的少量气泡的特性,仍然是比利时50种瓶装水中最畅销的品牌。

阿根廷的低钠

在阿根廷,维拉维森乔(Villavicencio)是瓶装水第一品牌。它是一种山泉水,占有市场30%的份额。另外一个山泉水品牌是艾可(ECO de los Andes),占有10%的市场份额。

艾可要取得任何进展,就必须找到使自己区别于领导品牌的方法,从而为顾客提供一个偏爱艾可品牌的理由。扫一眼标签就可以找到那个差异化。由于装瓶地点的关系,维拉维森乔的钠含量(1.5升瓶装含272毫克钠)比艾可的钠含量(1.5升瓶装只含10.4毫克钠)高得多。有趣的是,艾可的钠含量恰好符合美国心脏协会推荐的钠摄入量。

艾可的低钠含量使它能把自己定位成"低钠山泉水"。现在它有了一个独特销售主张,这个主张不仅使它的产品更利于健康,而且与众不同。(罗瑟·瑞夫斯应该会认同。)

利用"负面"特性

把"儿童的乐园"贴在麦当劳身上,把"高钠含量"贴在维拉维森乔身上,都是给竞争对手加上负面特性的例子。

这是建立你的特性的行之有效的方法,我们把这种做法叫作为你的竞争对手重新定位。

斯科普(Scope)就是这么做的,它把"口味不佳"贴在李施德林身上,让自己成了"口味好"的漱口水。(就这么简单。)

宝马针对奔驰也是这么做的,它做了以下对比:顶级驾驶机器对抗顶级乘坐机器。

宝马把奔驰重新定位成轮子上的起居室,随后自己就很快能宣传驾驶乐趣的特性了。

如果你能在过程中给你的竞争对手贴上一个负面特性,以此建立你的差异化,你就有了一个效果高1倍的规划。

在2006年的大选中,我们鼓动民主党为共和党贴上"无能"的标签。随着共和党继续把事情搞得一团糟,我们的重新定位帮助民主党重获国会控制权。

新泽西的不失血手术

有时候你必须开创出一个特性。

新泽西州的英格伍德医院和医疗中心(Englewood Hospital and Medical Center)就是一个这样的例子,它找到了一个办法,使自己区别于靠近纽约州的三州交界区域的82家医院。它开创了一个特性叫"不失血手术"。

所有这一切始于为耶和华见证会（Jehovah's Witness）人员服务的努力，这个人群因为宗教信仰而拒绝输血。当技术和流程开发出来后，宣传这个特性不仅吸引了目标人群——耶和华见证会人群，还吸引到了更广泛的普通人群。（谁想失血呢？）

无输血手术有很多其他优势，它对免疫系统造成的压力更小，所以病人在术后恢复得更快。此外，它降低了感染发生的概率。

开创并占据"不失血医疗和手术"特性产生了一个强有力的差异化概念：

- 该医院各个学科的 200 多位医生接受了不失血医疗和手术流程的培训，然后这些医生再教授全国各地的其他医生。
- 900 多人参加了英格伍德发起的关于为了妇女健康而不失血治疗的论坛。
- 超过 2 万名病人接受了治疗，英格伍德也已成为不失血手术流程的全国领导者。
- 总之，来自 30 个州、20 个国家的病人来到英格伍德接受治疗，因为他们认为这种手术方法有很大不同。

纽约州的更小

对某些医院而言，规模也可以变成值得拥有的特性，即便是小规模。

纽约州宾厄姆顿往北一小时车程之处有一家乡村医院,名叫切南戈纪念医院(Chenango Memorial Hospital),该医院有120张病床,几年来一直亏损,士气低落。然而在2004年,该医院想办法重新给自己定位,成功扭转了颓势。

它的独特定位和主线是"纽约州中部最出色的小医院",这激发了医院内部的自豪感,引起了病人、医生、员工、董事会成员和志愿者的强烈共鸣,而且这也成了病人应当获得何种服务的承诺。

3年后,该医院摆脱亏损,盈利颇丰。人们对该医院形象的认知程度达到历史最高,市场份额从40%增加到46%。

小而出色。

马萨诸塞州的更大

当谈到博物馆时,你不会认为更大规模是个更好的特性。毕竟,在某些博物馆里,在令人迷惑的走廊里慢慢逛可能要花费几天时间。

然而,对于当代艺术,规模确实重要——这些当代艺术作品可能体积庞大。罗伯特·劳森伯格(Robert Rauschenberg)1981年的一个作品的标题——"1/4英里或2弗隆的作品"并非夸大其词。展示这个庞然大物,大多数的陈列馆甚至想都不敢想。

来看看位于北亚当斯市的伯克希尔镇的马萨诸塞现代艺术

博物馆（Massachusetts Museum of Contemporary）。它的一个场馆有一个足球场那么大，另一个场馆的层高达12米。它自豪地把自己的差异化界定为美国最大的视觉和行为艺术中心。（它可能是全球最大的。）

哪来这么大的空间？这个博物馆利用了19世纪建造的一个废弃的巨大工厂建筑群，占地52 000多平方米。迄今为止，已有6栋建筑被改造成23 000多平方米的陈列馆和剧院空间。

马萨诸塞州的简单

有时你可以利用一个品类中的环境占有一个特性。

这里有一则例子。在这个联网的高科技世界里，企业正设法为它们的机构以及在自己和客户之间组建局域网。这是一项复杂的工作，要依靠外部的专家和花费大笔资金。

一家名为IntraNetics的公司开发出一种软件，使企业能很快安装一系列基本的应用程序，这些应用程序能方便地进行修改并与客户和合作伙伴建立连接。

它宣称："终于有了一个组建强大局域网的简单方法。"在复杂世界里，你若能抢占"简单"的特性，总会有效。然而，互联网的生活不总是简单的。看看该公司的发展：

- IntraNetics的创始团队对漫长的销售周期和低投资回报率逐渐感到失望。某位创始人说："在1998年，局域网实际上只是IT人眼中的梦想。我们早出现了两年。"

- 于是他们把 IntraNetics 重新包装成一个免费的在线服务商，名叫 Intranets.com，靠网页广告的收入支撑。它立即获得了成功，最高峰时顾客每月使用量达到 4 000 万分钟。
- 接着互联网热潮开始消退，在线广告的收费也开始下降，该公司从 75 名员工中裁去 45 名。
- 然后出现了第三次新生。Intranets.com 开始提供付费注册服务，获得了客户的认可。它为注册企业建立专用的沟通网络，这种形式后来被称为"协同软件"。它还进入了基于网络和基于音频的会议系统业务，成长到拥有 1 万家企业付费用户的规模。
- 该公司获得了一个令人高兴的结局。2005 年，WebEx 通信（思科公司旗下一个 4 亿美元的子公司）以 4 500 万美元收购了 Intranets.com。WebEx 实际上收购了一个在其核心市场大力追逐小企业客户（员工数 100 左右的企业）的竞争对手。

"环保"是差异化概念吗

最后，环境本身如何呢？

在这个对环境极为敏感的时代，许多人把"环保"视为一个特性，希望以此让自己与众不同。然而，这一点还未定论，争论已呈现两极分化。

一群商学院学者坚称环保会带来回报，他们认为，如果企业设立雄心勃勃的环境目标就能增加利润。另一派企业主管和学者们强调,企业的目的是为股东服务,而为环境服务是不切实际的。

好,关于让关心环境成为一个差异化特性,让我们给你一些指导原则。为了让以环保产品为差异化的战略成功,企业必须要满足三个要求:

- 企业必须在消费者中发现或者创造出为环境质量付钱的意愿。
- 企业必须建立关于它的产品的环保特性的可信信息。
- 它的创新必须能够防止竞争对手的模仿。

换句话说,你面临很大的困难。我们的观点是,企业当然要做好公民,但可以找其他方法实施差异化。

第13章 领导地位是个差异化概念

DIFFERENTIATE OR DIE

领导地位是为品牌实施差异化的最强有力的方法,原因在于它是一种品牌确立信任状的最直接方法,而信任状则是你用来保证自己品牌表现的担保物。

此外,当你有了领导地位的信任状,你的预期顾客就可能会相信你说的关于你的品牌的所有言论。(就因为你是领导者。)

领导地位的心理学

人类倾向于把"大"等同于成功、身份和领导地位。我们尊敬并且羡慕这个最大者。

心理学家汉斯(Hans)和迈克尔·艾森克(Michael Eysenck)在他们名为《心智观察:为什么人们这么做》(*Mindwatching:*

Why We Behave the Way We Do, London: Prion/Carlton Publishing, 1997）的书中报道了一项著名研究。[1]

一位名叫"英格兰先生"的男士被介绍给若干个班级的美国大学生，他的身份被介绍成"剑桥大学学生英格兰先生"或者是"剑桥大学的英格兰教授"。然后，要求这些学生对这位男士的身高进行估量。当英格兰先生的身份从学生升级到教授时，他的身高在学生眼里增加了10厘米。

大个也能带来金钱利益。针对匹兹堡大学（University of Pittsburgh）男性毕业生的一项调查表明，最高的学生（身高超过1米84）获得的起始薪资比那些身高低于1米8的学生至少高12%。

商业中也是如此，只是商业中的身高是以销售额和市场份额衡量的。

占据一个品类

强大的领导品牌能占据代表整个品类的词。你可以通过词语联想测试检验某个品牌宣称的领导地位是否属实。

如果给定的词是电脑、复印机、巧克力和可乐，最容易想到的四个品牌分别是IBM、施乐、好时和可口可乐。

精明的领导品牌还会进一步巩固它的地位。亨氏占据了"番茄酱"这个词，然后它进一步找出了番茄酱最重要的特性，亨氏通过"西方流动最慢的番茄酱"抢占了浓稠特性。占据"流动缓慢"这个词帮助亨氏持续占据50%的市场份额。

不要怕吹嘘

尽管前面谈到了被人视为领导者所具有的力量,我们还是碰到一些领导品牌不想谈论它们的领导地位。它们避开谈论确实属于自己的领导地位,其原因是一致认为:我们不想自吹自擂。

好,领导品牌不自夸对它的竞争对手来说是再好不过的事情了。当你吃力地爬上了山顶,你最好插上你的旗子并拍些照片记录下来。

此外,你通常能找到表明自己的领导地位的最好方法。我们最喜欢的宣传领导地位的口号之一是这样说的:"富达投资(Fidelity Investments),1 200万投资人信赖的地方。"

如果你不为自己的成就建立声誉,紧跟在你后面的人就会想办法认领原本属于你的东西。

如果你对此感到怀疑的话,那就看看下面的故事。

巴西的两大领导品牌

多年来,巴西最大的两个啤酒品牌是南极洲(Antarctica)和布拉马(Brahma),南极洲排第一,而布拉马紧随其后位居第二。

接着,布拉马展开了一场广告运动,宣称自己是领导者(捏造的第一)。它在销售点摆出了象征第一的竖起食指的手。然而奇怪的是,当布拉马刚开始这么做时,南极洲仍然是领导品牌,只是没有人知道这一点,因为南极洲没有插上领导地位的旗子。

尘埃落定后,猜猜谁变成了第一?猜对了,布拉马变成了第一。原因是:当人们想到自己喝的不是领导品牌的啤酒时,就很快转向了布拉马,结果一个非事实变成了事实。

背后的启示是:尽管人们同情受压迫者,但是他们更愿意买强者的产品。

然而,这个故事的结局是令人愉快的,如今南极洲和布拉马已经合并成一家公司,它们现在都可以宣称自己是领导品牌了。

我们赞同的领导品牌

赫兹从不讳言自己是领导品牌,它多年来让自己的市场领导品牌故事保持新鲜并有意义,其做法是一个经典案例。

现在它的宣传口号是"赫兹的服务,其他公司都做不到"。赫兹公司负责营销和销售的执行副总裁布瑞恩·肯尼迪(Brain Kennedy)说:"'其他公司都做不到'广告背后的出发点是让我们在竞争中凸显出来。"[2]

这是赫兹表明自己是领导品牌的众多方法中的最新方法。赫兹的租车业务刚刚起步时,它的广告画面是人们飞在空中并配了一句话:"让赫兹把你放在驾驶座上。"

当赫兹明确建立自己的领导地位之后,它便着手增加服务:"最大的应该做得更多,这是理所当然的。"

到了1975年,广告变成了辛普森(O. J. Simpson)驾车穿越机场的画面,他是"租车业的超级明星"。赫兹也是如此。

后来体现领导地位的不同表现手法还包括"租车的第一方法"和"赢家租车的地方"。

当赫兹不仅服务于商务租车者,还盯上了休假旅行者后,它的主题就发展成"所有人的第一选择"以及"美国的轮子"。

真是一成不变,赫兹几十年来一直在向美国人推销它所热爱的概念:领导地位。

赫兹现在的美国业务收入有23亿美元,在140个国家有50万辆汽车,占有30%的市场份额。这也真是一成不变。

谁是世界上最大的租车公司?当然是赫兹。

不同形式的领导地位

领导地位表现为不同形式,任何一种都能有效地让你的品牌实施差异化。下面简要列举了一些不同形式的领导地位。

- **销售上的领导地位** 领导品牌最常用的战略是说出它们卖得有多好。丰田凯美瑞是美国最畅销的轿车。但是,其他汽车品牌通过用不同方法仔细计算,也可以宣称自己的销售领导地位。林肯是最畅销的豪华车,克莱斯勒道奇是最畅销的微型厢式车,福特探索者是最畅销的运动型多功能车。这个方法有效是因为人们总是买其他人在买的东西。

- **技术上的领导地位** 有的公司具有开发出诸多突破性技术的悠久历史,它们可以用这种形式的领导地位作为差异化。奥地利有一个名叫兰精（Lenzing）的生产人造纤维的公司，尽管它不是销售上的领导者，但它是"粘胶纤维技术全球领跑者"。在新型改良人造纤维方面，兰精公司是诸多行业性突破的开创者。在美国辛辛那提有一家叫米拉克龙（Milacron）的机器制造商，是"制造技术全球领导者"之一，它拥有最全的塑料机械和切削工具技术。这种形式的领导地位有效，是因为人们会对开发出新技术的公司记忆深刻。（人们认为这些公司知道得更多。）

- **科学上的领导地位** 技术上的领导地位有一个变种。有些公司是其所处品类的科学上的领导者，戈尔特斯是一项膜科学，3M是一种黏结科学，凌力尔特科技公司（Linear Technology）是电源管理半导体科学，爱德华生命科学公司（Edwards）是心脏瓣膜科学。康宁（Corning）是我们最喜欢的公司之一，它可以很容易地宣称自己是玻璃科学的全球领导者。（它在纽约的康宁公司里真有一个玻璃博物馆）。

当你知道康宁公司是斯德本玻璃公司（Steuben）的母公司，并且目前在用于平板电视的液晶显示屏玻璃市场占据了58%的份额时，它就有了一组巨大的信任状。

领导地位是个平台

领导地位是一个极佳的平台，你可以在此讲述自己如何成为第一的故事。我们前面说过，如果人们把你视为领导者，他们会相信你所说的每一句话。

看看德雷尔(Dreyer's Grand)冰激凌的故事。这家公司有两个品牌:一个是德雷尔,在落基山脉以西销售;另一个是艾迪(Edy's),在落基山脉以东销售。(它们是以两个创始人威廉·德雷尔和约瑟夫·艾迪的名字命名的。)

这两个品牌让该公司成为美国最大的冰激凌生产商,这个销售上的领导地位成了它的差异化。

然而,还有一点让这家公司独树一帜,并且在很大程度上促使它成为第一,那就是它直接送货到门店。和其他的大竞争对手相比,德雷尔冰激凌公司拥有一个冷藏卡车车队,配备专业员工并把冰激凌派送到各个零售店里。这种做法避开了通常需要的分销商的冷藏库,因此保证产品更加新鲜。(冷藏库是冰激凌的天敌。)德雷尔冰激凌公司的哲学是:很用心才能做出好冰激凌。

它的领导地位的故事以及直接派送的故事,为说明它为何生产了"美国最受欢迎的冰激凌"提供了有说服力并合理的论述。(它最终被联合利华以巨资收购足以说明它是成功的。)

领导地位的优势

一家企业的强大凭借的并非产品或服务,而是它在顾客心智中占据的位置。特雷斯特高尔夫球的优势在于它的领导地位,而不是你能把球击多远。保持第一比成为第一容易得多。

你能举出一个扳倒领导者的公司的名字吗?佳洁士做到了,这得感谢美国牙医协会的认证印鉴。(有讽刺意味的是,高露洁又凭借它的杀菌全护理牙膏重新获得了第一。）金霸王在电池行业做到了，这得感谢"碱性电池"的帮助。百威在啤酒业做到了，万宝路在香烟行业做到了，但是这种情况少之甚少。

对自1923年以来25个领导品牌的一项调研证实了这一点。如今这些品牌中的21个仍然保持了第一的位置，3个排到第二位，1个掉到了第五位。

甚至排名也很少发生改变。如果市场营销是一场赛马，那么它就是一个令人郁闷的游戏。第二次世界大战以来的56年里，美国前三位的汽车生产商的排名只发生过一次变动。

在1950年，福特汽车公司超过克莱斯勒公司排名第二。从那以后，排名就一直是通用汽车、福特、克莱斯勒。一成不变，对不对？（直到丰田让世界知道自己的存在。）

公司或品牌年复一年保持原位的倾向，这种营销竞赛中的"黏性"，强调了在一开始就获得一个好位置的重要性。改善你的位置可能有难度，但是一旦你做到了，保持这个位置就相对容易了。

一旦你获得了第一位置，就要让市场知道这个事实。有太多的公司认为它们的领导地位是理所当然的，所以从不利用它。这么做只会让竞争对手有机可乘。如果你获得了机会，就一定要当着竞争对手的面狠狠把门关上。

棒棒糖领导者

每个品类都有领导者，但不是每个领导者都被人们认识，比如不起眼的棒棒糖。你可能一生中会看到很多次棒棒糖,但是如果我问你世界上最畅销的棒棒糖品牌是哪个,你可能并不知道。

现在,如果我们告诉你有一家棒棒糖公司的销量是它最大竞争对手的两倍,这可能会触动你。这家公司在170个国家销售棒棒糖,这一点可能进一步打动你。它每天生产超过2 000万支棒棒糖,每年生产的棒棒糖可以绕地球12圈,这个事实更使你感到震惊。

当我们最终告诉你它在小孩子和老小孩中很受欢迎时,你可能会对自己说:"它肯定生产了很多棒棒糖,我应该尝尝。"

这个可以尝尝的品牌是珍宝珠(Chupa Chups),它是全世界最受欢迎的棒棒糖。你会在西班牙的巴塞罗那找到它。

你明白这个小小的领导地位所起的大作用了吧?

第 14 章

经典是个差异化概念

DIFFERENTIATE OR DIE

在第10章中我们谈到过心智缺乏安全感这个事实，因此，任何能帮助人们克服不安全感的战略都是好战略。

经典具有让你的产品脱颖而出的力量，它是一个强有力的差异化概念，因为拥有悠久历史自然而然地具有心理上的重要性，这能让人们选择时有安全感。

我们研究了这背后的原因，我们推测一个公司能存在那么久表明它知道自己在干什么。大家认为它一直以来的所作所为都很正确。

然而，不同于老人受到最大尊敬的国家，比如中国和日本，美国文化倾向于讨厌年老。每个美国人都想保持年轻，年老意味着过时和落伍。

经典的心理学

我们向卡罗尔·穆格博士请教，经典为何意义重大，这位消费心理学家做了以下论述：

> 经典具有的心理上的重要性可能源自作为一条连续线索的一员所具有的力量，这条线联结、结合了一个人的生存权以及传承先辈、经历死亡并传给下一代的历史。这个联系是不朽的。人们感觉不到经典，不知道先辈，就容易感到被孤立、被抛弃、情感上被切断并且没有根基。没有过去的线索，很难相信将来的线索。
>
> 因此，经典的重点在于连续性，在于通过保留为这个流程的一部分而战胜死亡。拥护具有这种线索的公司和产品能让人参与到指向连续生活的有力关联中。经典被传承时浸没了先辈的生命。连续性被组合并且被吸收。人们变得更大，生命得以延续。当实体，比如企业，吞噬或者埋没了它们的经典时，它们实际上打破了信任的纽带，抛弃了依靠那些纽带的人们，造成消极情绪，并且导致感情麻木。缺乏信任、愤世嫉俗和分离显然不会刺激销售。[1]

以上是你想知道但又不敢问的关于经典的一切。

领导地位的替代品

看待这个方法的另一种方式是要认识到，企业存在很长时间也会让预期顾客感觉自己是在和行业领导者打交道。如果这家企业不是最大的，它也肯定是资历上的领导者。

难怪营销人员会展示企业的悠久历史和经典文化,以此表明它们为何与众不同。

早在1919年,施坦威钢琴(Steinway)就在一则广告中被描述为"不朽的乐器"。

其后,克罗斯(Cross)夸耀自己的钢笔是"始于1846年的完美经典"。

苏富比(Sotheby's)是一家著名的拍卖行,它通过宣传自己创建于1744年,在20世纪里都做得很好。

格兰威特苏格兰威士忌(Glenlivet Scotch)把自己定位为"苏格兰威士忌鼻祖,尊敬的政府根据1823年法案授予格兰威特酿酒厂第一个执照,允许它在苏格兰高地上蒸馏纯麦芽威士忌"。

百威时不时地谈论自己的经典,称自己是"始于1876年的美国经典窖藏啤酒"。(这肯定比那个蜥蜴谈论青蛙的广告好得多。)

这些品牌中有一些是品类的领导品牌,有一些则不是,但是它们听上去都很吸引人,并且与众不同。

延续经典

然而,经典并不总是足够的,美联社(Associated Press)的一位商业作家评论说:"近年来,各种类型的公司设计出新型的营销战术,这些战术把给顾客感觉舒适的经典和对持续成功至关重要的改进结合在了一起。"[2]

富国银行早期收购了小马快递公司（Pony Express），并采用马车速递这个原始概念，简单描述与过去的关联——过去快，现在也快。区别在于今天的马车在先进的电脑网络上以光速奔跑。

比恩建立网站并在网上推出女性服装商店，让品类更有生气，但同时小心保持了它的新英格兰形象。一位公司发言人说："你采用经典诉求并传承给新一代。"

塔巴斯科（Tabasco）在辣椒酱行业的持续成功，是一个在尊重经典和面向未来之间取得平衡的范例。

它的广告触及经典主题，比如路易斯安那海湾和在橡木桶中酿制的辣椒酱。然而，公司同时也以紧跟时代和潮流的形象示人，它推出了塔巴斯科领带、卡津人烹饪节，以及起源于路易斯安那乡村牡蛎餐馆的塔巴斯科调味的新饮料。

其中一种最受欢迎的饮料叫草原之火，由龙舌兰酒加少量塔巴斯科辣椒酱混合调制而成。

该公司总裁保罗说："营销中需要各种各样的平衡术。"

霍福斯特拉大学（Hofstra University）商业史学的退休教授罗伯特·索贝尔（Robert Sobel）说道："美国历史上许多公司不能通过调整来适应市场变化的故事比比皆是。当公司总裁说'我的父亲推出了这个产品，这是怀念他的纪念碑，只要有我在，我们就不会抛弃它'时，就有危险了。当然，四年后他就不在位了。如果你执着于过去，你就会失败。"[3]（除非你能让过去与现在有联系。）

政治和法律中的经典

想想乔治·布什作为总统候选人取得的快速成功。他是来自得克萨斯州的"富有激情的保守派"。什么是富有激情的保守派?没人能给出十分确定的答案。

人们能肯定的是乔治·布什有总统的经典。(他甚至看起来像他作为前总统的父亲。)他以经典起步,这令他和其他候选人不同。然而不幸的是,他工作时只有经典。

位于新英格兰的瑞斯卡思和戴维斯律师事务所(RisCasi & Davis)以及权特罗律师事务所(Trantolo & Trantolo),是律师事务所品类中以经典进行营销的强有力的案例。这两家公司同过去几代人有牢固关系,并且利用这些联系把自己有效地同竞争对手区别开来。权特罗律师事务所的方法特别有效,它推出的广告述说了权特罗"最早"的移民根源以及它对力量微弱的移民家庭的保护。这个法律事务所的定位利用了两方面的历史地位——长期为社区服务以及为弱势群体服务,利用"为小人物而战"的概念使自己同经典联系起来。

回归经典

任何时候说出你的经典故事都不晚。芳丝雅就是如此,它是美国最畅销的葡萄酒品牌之一,这种葡萄酒装在一个带有龙头的5升桶里销售,它的身上记录了关于美国葡萄酒业的鲜为人知的经典。

你可以在它的桶上找到经典故事:

特蕾莎·弗朗西亚——开创美国葡萄酒业务的小妇人

尽管身高只有1米4,但这位来自意大利的女士在后来规模很大的业务中发挥了重要作用。

特蕾莎于1900年抵达旧金山,在加利福尼亚的中央谷(Central Valley)的一个农场定居。她和她的家人开始在肥沃的沙质土地上种植葡萄,这块土地至今仍然是方圆几英里内最好的土地。

禁酒令废除后,特蕾莎决定用葡萄酿酒。她向美国银行(Bank of America)的创始人乔瓦尼(A. P. Giovanni)借了1万美元,并把一半的贷款给了她的女儿和女婿欧内斯特·盖洛(Ernest Gallo)。

接下来的事情大家都知道了。从那以后,她成了美国葡萄酒业务的先驱。今天,特蕾莎的业务和她女婿盖洛的业务共占了美国国内酿造的葡萄酒产量的50%以上。

这个故事把一个普通的佐餐葡萄酒变成了一个有独特经典的特殊的佐餐葡萄酒。

其中的寓意是:任何时候说出你的经典故事都不会太迟。(但一定要是个有趣的故事。)

DDB想回归经典

DDB环球传播公司(DDB Worldwide Communication)是

一家大型的广告机构,由 Doyle Dane Bernbach 公司发展而来,很多人认为是后者开创了现代广告业。(我们在第 6 章中讨论过比尔·伯恩巴克。)

DDB 创建于 1949 年。DDB 想利用它的 50 周年庆典来提振它的名声,并想让自己从无数竞争对手中脱颖而出。

在《纽约时报》的一篇报道中,公司老板基思·莱恩哈德(Keith Reinhard)说:"我们正设法重新要回伯恩巴克的遗产。Doyle Dane Bernbach 的经典代表了一项品牌资产,我们应当撬动这项资产。"

想回归经典是个好主意,然而这不能掩盖一个根本问题,那就是这个经典属于一个不复存在的名字。正如一位创意人在同一篇文章中说的:"他们在合并后改名是犯了大错,这就像改掉了可口可乐这个名字。"[4]

基思,太迟了,比尔·伯恩巴克的经典已经同他的广告公司的名字一起被埋葬了。

更新经典

为了生存,有时候你必须改变。看看传奇的 Greenbrier,它是一家位于西弗吉尼亚、有着 222 年悠久历史的度假酒店。

它打算在酒店里增设一个赌场,希望以此吸引头等度假者入住。赌博大厅将重新改造成像蒙特卡罗市奢华的 Hermitage 酒店那样。

酒店总裁泰德·克兰斯纳(Ted Kleisner)说:" Greenbrier

必须增加赌场以保持竞争力,不然有最终成为'又一个落伍的贵妇人'的风险。"

地域经典

经典的一个重要方面是你来自何处。

如果你销售伏特加并来自俄国,那你肯定能讲个好故事。

如果你销售电脑并来自美国,你就有很大优势。

如果你销售汽车并来自南斯拉夫,那你就有问题了。(Yugo汽车注定要失败。)

为什么"你来自何处"是如此重要呢?原因是国家可以用产品实施差异化。

因为多年来不同的国家以特定产品而闻名,结果原产国为产品提供了一组特定的信任状。如果产品来自那个国家,那它肯定是优质产品。或者反过来,如果产品不是来自那里,它一定是劣等品。下面的简单列表,标明了哪个国家可以给哪些产品提供地域经典。

美国	电脑和飞机
日本	汽车和电子
德国	工程设备和啤酒
瑞士	银行和手表
意大利	设计和服装
法国	葡萄酒和香水

英国	皇室和赛车
俄国	伏特加和鱼子酱
阿根廷	牛肉和皮革
新西兰	羊和奇异果
澳大利亚	鳄鱼邓迪

诀窍是避开 Yugo 汽车的陷阱,或者说不要来自一个非但不能帮你反而会拖你后腿的地方。

来自阿根廷的高科技

这里有一个高科技产品的案例,它的经典是来自一个以牛肉而不是半导体闻名的国家。

这家名为多维扫描(Multiscan)的公司生产激光条形码读取设备。实际上,它正在成为这种类型的扫描设备的领导者。

我们给它的建议是,以它在激光条形码读取设备中的领导地位作为差异化。但同时提出疑问,人们会相信一个来自阿根廷的高科技公司吗?幸运的是,这家公司在美国有一个办事处,而且它愿意掩饰自己的出生地。

多维扫描公司把它的总部从阿根廷搬到了美国。现在,它有了正确的经典,而且有了这个经典证明这是一项非常成功的高科技出口业务。

利用竞争对手的经典

有时你可以利用竞争对手的经典打击它们。很多年前,红

牌伏特加(Stolichnaya)播出的一则广告说:

> 大多数美国伏特加看起来像俄国货。
>
> 红牌伏特加则不同,它是俄国货。

然而当红牌伏特加停止使用它的经典作为差异化时,绝对伏特加(Absolut)接手了高档伏特加的领导地位。常识和历史都表明,红牌伏特加应该奉行的唯一战略就是利用它的经典。

红牌伏特加应该利用对方鲜为人知的事实:绝对伏特加是由一家瑞典的伏特加公司生产的。

它应该把绝对伏特加重新定位回它的本属地——瑞典,同时利用起自己俄国经典的优势。它打的广告的标题应该是:

> 绝对(Absolut)瑞典货对绝对俄国货。

瑞典的伏特加听起来不如俄国的伏特加好。每个人都知道俄国伏特加才是正宗货。

看看宝洁和沃尔玛之间可能一触即发的战争。大型零售商沃尔玛推出了自有品牌肥皂,名叫"山姆大叔的选择"(Sam's American Choice),以此同汰渍竞争。

看来宝洁没在意这种价格比它的产品低25%~30%的肥皂,但它可能准备好散播这样一则消息:沃尔玛的肥皂是由休伊什洗涤剂公司(Huish Detergents, Inc.)生产的。

你会相信一家名叫休伊什的公司吗?不可能。

法国的成功例子

欧莱雅公司是法国化妆品巨头,它利用地域经典在十年里获得了两位数增长。

它的秘诀就是成功地利用经典,在它的众多产品中传递不同文化的魅力。无论它的品牌销售的是意大利的优雅、纽约的街头智慧或者是法国的美丽,欧莱雅都抓住了跨越不同收入和不同文化的大范围人群。

《商业周刊》报道说:"当很多公司设法让它们的品牌同质化以适应不同的文化时,欧莱雅公司的首席执行官欧文·琼斯(Owen-Jones)正对他的产品采取相反的做法。他想让它们蕴涵原产国的文化,把许多营销权威认为是导致市场狭窄的因素转变成营销的美德。"[5]

欧莱雅的美宝莲可能是美国人不感兴趣的品牌,然而在发展中国家的情况是,来自美国令它很流行。(而且非常特别。)

家族经典

在一个强者越强的世界里,坚守家族企业特色是把你从努力奋进的众多企业中区别出来的有效方法。尽管由于税收和下一代传承的原因,要做到这一点不容易,但是如果家族能够团结起来,这会是一个强有力的概念。

看起来家族企业更具亲切感,这和由一群贪婪的股东控股的不近人情的上市公司给人们带来的感受截然相反。家族成员也可以同样贪婪,但由于真相永远不会被报道,所以所有的贪婪都藏在了幕后。

人们还相信家族企业更多关注的是产品而不是股价。此外，在融入社区方面，家族企业获得的评价更高，因为创办人往往是本地人，企业就创办在当地。我们还发现，家族企业往往像对家人一样对待员工，让员工有一种共同成长的感觉。

销售额达到10亿美元的里奇冷冻食品公司是这方面的佳例，它的家族企业身份是一个独特的差异化。这个差异化加上它的规模，让它与主要竞争对手——冷冰冰的大型公司形成对比。

它声明"我们关心顾客的程度只有家里人能做到"，把差异化戏剧性地表达了出来。

它还提出，在当今的竞争世界中，家族企业所处的位置更有利于服务顾客。理由很简单：它不必为股东、盈利和华尔街担心，它的所有精力都投入到了产品中。

至此构成了一个非常漂亮的合理论述，这个论述解释了家族企业经典为何让它们与众不同以及它们为何能提供更好的服务。

经典里程碑

一个当地的家族零售企业可以成为社区的重要组成部分。位于新泽西州纽约市郊区瑞奇伍德镇（Ridgewood）的求思特视听中心（Troast Vision & Hearing Center）就是这样的范例。

罗伯特·特罗斯特是这个家族企业的家长，他曾经荣获美国年度眼镜最佳供应商称号，他这样解释道："当我开创这项业务时，我没想到它会成为一个家族企业。我主要关心的是为我的邻居提供优质的服务。47年后的今天，我们几乎成了一个里程碑。作为社区的一员有特殊意义，我和很多顾客是老相识了。很多时候,有新顾客光临时,我早已认识他的父母、叔叔、阿姨和堂兄弟姐妹了。有的顾客,我们的孩子是和他们一起长大的,现在我已经看到他们的孙子了。"

说到他的孩子,他的儿子罗恩和儿媳凯伦现在经营这家家族企业,他们在商务部、教堂和儿童联合会里非常活跃。

所有这些理所当然地让家族零售企业与众不同。在附近的购物中心的超级市场的阴影笼罩下,它们仍做得很棒。

代表人

利用品牌经典的一种有趣方法是利用最早让品牌出名的人物。

乔利(Jolly)的绿巨人、肯德基的桑德斯上校和星骑士(Star-Kist)的金枪鱼查理,这些人物让这些品牌与众不同。

难怪这些人物会被拍掉灰尘后重新投入使用。乔利的绿巨人被唤醒了,它又回去推行罐装和冷冻蔬菜。普兰特(Planters)公司的豌豆先生又回来成了一个威严的推销员,以联系过去。

普兰特公司的总经理戴维·耶尔(David Yale)在《纽约时报》上说:"我们的代表人物成了一个讨论质量、口味和乐趣的支点,这让我们有别于其他产品。"[6]

一个男学生在1916年创造了豌豆先生。重新使用豌豆先生形象,能利用年老购物者的怀旧心理以及利用年轻人的"复古时尚"风潮。

每个旧事物不仅会再次变新,而且会与众不同。

第 15 章 市场专长是个差异化概念

DIFFERENTIATE OR DIE

专注于某种特定活动或某个特定产品的企业能给人留下深刻印象，人们把这种企业视为专家。由于它们是专家，人们会想当然地认为它们必定有更多知识和经验，有时候超过它们的实际水平。看看专家的定义就不奇怪了，专家的定义是：在某个特定领域接受过很多培训和拥有更多知识的人。

相反，人们很少会认为一个通才能在多个领域都具有专长，不论他实际上做得多优秀。顾客的常识告诉他们，一个人或一家企业不可能成为各方面的专家。

学到的一个教训

很多年前，我们在通用电气领教了专家相比通才具有的力量。

那时，通用电气正推行一个叫"交钥匙电站"的概念。这个概念很简单，通用电气带着自己能组合所有组件的能力去电力公司，在这个过程的最后，通用电气会把完工的发电厂钥匙交付给电力公司。（一站式购物概念。）

是个好主意，对吗？错。

电力公司会说："非常感谢你。我们会买你的涡轮发电机，其他专家企业会提供控制器、开关设备和其他设备。"

尽管通用电气是电力行业的领导者，电力公司还是想要同行中最好的——专家品牌。

学到的另一个教训

通用电气想，电站的那些人以为自己知道一切，让我们到家庭主妇那里给她一个"通用电气厨房"吧。

情况还是一样，主妇说："非常感谢你。我们会买你的冰箱，买厨宝（KitchenAid）的洗碗机，买美泰克（Maytag）的洗衣机，等等。"

尽管通用电气是电器行业的巨头，但家庭主妇还是想要同行中最好的——专家品牌。

大牌子软弱无力

像通用电气那样的通才，虽然牌子大，然而在市场上却是软弱无力的。

看看食品大牌卡夫（Kraft），当这个牌子对抗专家品牌时，情况并不理想。在蛋黄酱品类，赫尔曼（Hellmann）痛击它；在果冻品类，思麦克（Smuckers）打败了它；在芥子酱品类，弗兰奇（French）消灭了它；在酸奶品类，达能（Dannon）摧毁了它。

幸运的是，卡夫有一些自己的专家品牌。实际上卡夫的最大品牌，很少人认为它是卡夫的产品，这个品牌就是费城牌（Philadelphia）奶油干酪，虽然它的盒子上标有"卡夫"，但是人们甚至不会注意到。大多数人以为，这是一个来自费城的小型干酪生产商。

零售业也是如此

看看零售业。今天哪个零售商遇到了麻烦？百货商店。百货商店是什么？是一个什么产品都卖的地方。这必然是灾难，因为很难对"什么产品都有"的地方实施差异化。

甘皮奥（Campeau）、胡克（L. J. Hooker）和金贝尔斯这些百货商店都上了破产法庭。赫尔斯（Hills）百货商店申请破产，全球最大的商店——梅西百货（Macy's）也申请破产。虽然还有些百货公司运营良好，但这足以说明这种商店所处的环境有多残酷。

州际百货商店也破产了。这家公司研究了许多数据之后，决定聚焦经营它唯一赚钱的产品——玩具。州际百货准备聚焦玩具业务，于是决定把它的名字改为"玩具反斗城"。今天，玩具反斗城在美国玩具零售业中拥有 20% 的份额。

很多零售连锁店成功地复制了玩具反斗城的模式：狭窄聚

焦,深度备货。史泰博(Staple)办公用品公司和百视达影碟,就是这样的例子。

当今在零售业大获成功的,往往是业务聚焦的专家。

- The Limited:高级职业女装
- Gap:内心年轻的人的休闲服
- 贝纳通(Benetton):年轻、时髦的毛棉织服
- 维多利亚的秘密(Victoria's Secret):性感内衣
- 富乐客:运动鞋
- 香蕉共和国(Banana Republic):高档休闲服

(当起着"香蕉共和国"之类名字的服装连锁店可以成功时,你就知道我们生活在专家时代。)

专家品牌拥有的武器

差异化发生于顾客心智中,而专家品牌拥有多项武器,可以让自己在顾客心智中抢占专长。

专家品牌能聚焦在一个产品、一个利益点或者一条信息上。一个发生在电池行业的例子是,金霸王只把焦点聚集在碱性电池上,而永备(Eveready)是个通才品牌,它的产品线中虽然也有碱性电池,但不是它的专长。

金霸王抢注了一个出色的名字,并抢占了"耐用"的特性,进而抢走了永备的生意。虽然永备推出了劲量(Energizer)品牌的碱性电池,但也不能减慢专家品牌的发展速度。如今金

霸王是领导品牌，占有45%的市场份额。（最新数据表明，甚至第三位的雷欧威克（Ray-O-Vac）品牌也正在逼近劲量。）

成为专家

专家有机会牢牢锁定一项专长，作为自己的差异化。

在环境咨询领域有许多大大小小的公司，它们的做法几乎完全一样。在波士顿有一家名为ENSR的公司提出了一项独特的专长：环境尽职调查。

也就是说，一旦发生国际性不动产或者商业交易时，这家公司就向客户提出动用它的全球资源，对交易中的环境因素进行评估。这项专长不仅把ENSR同竞争对手区别开来，而且给它开创了业务机会，即它在评估中发现问题后还可以进一步帮客户解决问题。

一个出版商的梦想

有一本月刊名为《海明斯汽车新闻》（*Hemmings Motor News*），除非你是个车迷，否则你不可能听过它。它可能是出版业里最成功的专业杂志，这种专长于某个特定领域的做法在出版业里是无往不胜的。

《海明斯汽车新闻》每月销量265 000份，每年税前利润达到2 000万美元。这份杂志通常有800页，挤满了2万个广告，包括从福特T型车的轴承装置（售价55美元）到1932年产的劳斯莱斯的亨利跑车（售价 65 万美元）的所有东西。

杂志有大量的小型黑白广告，必须用支票或信用卡预先付费。真正可读的专栏内容很少，它的发行部门也小得可怜。

这家出版业最赚钱的月刊的所有者是特力·艾力奇（Terry Ehrich），他说这个杂志的成功在于抓住了汽车收集和修复的潮流。他说："我只是骑在一匹好马上的普通骑师。"[1] 这匹马恰好成了一匹极具创意的专业马。

成为品类代名词

前面已经说过，专家的最强大武器是成为品类的代名词。它不仅代表了你的产品，还代表整个品类。

佳得乐（Gatorade）是一个极具实力的专家品牌，它是运动饮料品类的代名词。

虽然要成为复印机中的施乐或者成为透明胶带中的思高不太容易，但是专家品牌有机会达到这种最高的成功境界。

现在说说负面消息

成功的专家品牌必须保持专一性，不能追求其他业务，否则会侵蚀在顾客心智中的专家认知。（第 20 章会讲更多。）

心脏外科医生本能地知道这个道理，他们不会仅仅因为膝盖手术变成了大业务而决定转行。

大多数企业不愿意被局限于一项业务或一项专长，而是想追求尽可能多的机会。然而它们没有意识到,一旦开始迈向其他业务,专家地位就可能让位于人。亨氏是酱瓜业的专家品牌,接着推出了番茄酱。如今弗拉斯克(Vlasic)和橄榄山(Mt. Olive)两个品牌主导了酱瓜品类,而亨氏差点被驱逐出市场。

大众汽车公司曾经是小型汽车的专家,后来推出了大车、开得更快的车以及休闲车。如今,日本车主导了小型汽车市场。

Scott 原本是美国卫生纸第一品牌,但接着它变成了各种纸类产品的集合。现在 Charmin 是卫生纸行业的领导者。

警惕 CEO 的嗜好

麦格纳国际公司(Magna International)是汽车零部件专家,它是全球首屈一指的汽车生产商的大供应商,客户包括克莱斯勒、福特、吉普、道奇、雪佛兰、奔驰和凯迪拉克,年销售额在 60 亿美元左右。目前,汽车业的供应商正在提供越来越大和愈加复杂的配套总件,比如完整的座椅系统,麦格纳国际公司处于这个趋势的前沿。

但是,公司的主席弗兰克·斯特罗纳克(Frank Stronach)是一位赛马爱好者,养有几百匹马。所以这家公司突然收购一些非核心的资产,比如加利福尼亚的圣塔安尼塔赛马场,就不会令人感到意外了。而且,还有其他赛马场在谈判中。

现在,他想从汽车部件业务转向赛马场和运动赌博业务。当然不出意外的是,很多股东都不赞成。

我们可以断言，这只会带来麻烦。

如实传播专长

不要指望每个人都知道谁是那个品类中的专家品牌。我们建议，把自己定位成"（某个品类中的）专家品牌"。

顾客想知道这个信息，因为他们想知道谁是业内专家。企业要确保让顾客知道自己就是这方面的专家。

斯巴鲁（Subaru）是一家日本汽车公司，它的情况就是如此。1993年，当乔治·穆勒（George Muller）成为公司总裁时，这家公司正面临困境。他提出了一个问题："我们的专长在哪里？我们的个性是什么？"答案就是"四轮驱动技术"。

从那以后，他决定聚焦于"四轮驱动技术"的专长。正如他所说的："我们下定决心只销售四轮驱动汽车，从而把我们同丰田和本田区别开来。"

斯巴鲁的广告自豪地宣称，它不生产轿车，它只是四轮驱动汽车的专家。这个行动挽救了一家销量猛跌的同质化的汽车公司。（销量曾经比高峰时下跌了60%。）

斯巴鲁生存了下来，因为它运用专长实施了差异化。

专家太多

有些情况下，仅仅成为专家是不够的，特别是当你的身边还有其他专家的时候。

在互联网上，在几个月之内，就会出现一大批同样专注于某类信息的网站，而且这些网站都会标上所谓的"点击率"。

出现这么多专家的原因在于互联网的进入成本低。然而规则不会变，最终只有一家会胜出并被视为领导品牌，从而获得最大的流量。同时会出现一个第二选择的网站，能获得领导品牌约一半的流量。可能还有一个第三选择的网站，能获得第二选择网站的一半流量，但处于极不安全的位置。除此之外，就很难有网站生存了。

底线就是：大多数品类，无论是产品、服务或者网站，最终会发展成两强相争，所以成功的诀窍就是要数一数二。

第16章
最受青睐是个差异化概念

DIFFERENTIATE OR DIE

我们的经验表明，顾客不知道自己想要什么。（那么为何还要问他们需要什么呢？）

更多情况下，顾客购买自己认为应该拥有的东西。他们好比是羊，跟着羊群移动。

大多数人真的需要四轮驱动的汽车吗？不，如果他们真的需要，那为什么几年前四轮驱动汽车不流行呢？（因为那时它还不是很时尚。）

导致这种行为的主要原因是缺乏安全感。关于这个课题，科学家们已经著述颇丰了。

从众行为

关于人为何有从众行为，罗伯特·西奥迪尼（Robert Cialdini）

的一段文字最为有趣。他谈到"社会认同法则",并认为其具有强大影响力。

该法则说,我们通过观察别人所认为什么对的,然后以此决定什么是正确的。我们在决定是什么构成了正确行为时,这个法则特别适用。我们看到别人也在这么做时,就认为这个行为是正确的。

这种把别人也在做的行为视为合理行为的倾向,通常是很有用的。一般而言,采取同社会上的行为一致的行动,而不是逆社会而行,我们就会少犯错。通常情况下,许多人都在做的事情是正确的事情。[1]

社会认同

利用"最受青睐"作为差异化,就要向顾客提供"别人认为什么是对的"的信息。最受青睐之所以是一个非常可行的战略,是因为它的表现形式多种多样。

泰诺(Tylenol)是美国止痛药第一品牌,凭借的就是它是医院里首选的止痛药。

耐克是运动鞋第一品牌,主要凭借的就是大量著名运动员最爱穿它的运动鞋。(因为耐克付钱给他们)。

雷克萨斯(Lexus)是热销的豪华车,凭的就是 J.D. Power 的顾客满意度调查对它的青睐。

中西快捷航空公司宣传自己在《康德纳斯特旅行家》(*Condé Nast Traveler*)杂志的受青睐度评分中获得了最高分。

科学饮食(Science Diet)品牌生产高价狗粮和猫粮,它是"兽医推荐"并且是"全世界兽医喂养自己的宠物的首选品牌"。

人、机构、媒体报道或调研,企业能利用任何形式,只要它具有权威性,就有机会把你和竞争对手区别开来。

对于互联网,"区别"是个大难题,因为网上的选择实在太多,人们根本无力应付。

英国的雨伞

没人比英国人更了解雨伞。

在英国,雨伞中最好的品牌是哪一个?无疑是布力格(Brigg)雨伞,它被授予皇家御用保证,为英皇室制造雨伞。

若要和皇室及《复仇者》(*The Avengers*)电影中的约翰·斯蒂德(John Steed)撑同样的雨伞,以示威望,就要付出很多钱。每把布力格伞售价在 200 ~ 800 美元之间,具体取决于选择何种材料。

尽管大多数人知道皇室对雨伞也懂得不多,但他们知道皇室买得起最好的雨伞,所以这种伞对他们来说就足够好了。

智利的啤酒

喜力公司(Heineken)在智利兴建了一家现代化啤酒厂,生产贝克(Becker)啤酒。它的战略是提供高品质啤酒,而且价格也让人容易承受，接近当地领导品牌可力多（Cristal）的价格。

正如你所想到的，贝克啤酒进入市场时遭到当地啤酒品牌的顽强抵抗。然而当尘埃落定之后，调研显示高收入消费者青睐贝克品牌，他们喜欢国际品质的啤酒，也出得起钱。

我们给贝克的建议是，把这种受青睐作为品牌的差异化，以针对高收入阶层和那些渴望成为高收入阶层的人。

这种受青睐能很容易表达出来："能喝出差别的人"青睐贝克。

有人会认为自己喝不出差别吗？

受青睐战略

嘉信理财网推出了最厉害的受青睐战略，以证明自己是真正排名第一的线上经纪公司。它在《华尔街日报》上刊登的三个整版的广告中，引用了以下具有公信力的媒体对它的第一评级。

- 《理财》（Money）杂志把嘉信理财网评为整体第一，它的得分最高，在"使用便捷"和"产品与工具"两项指标上获得五星。《理财》杂志还把嘉信理财网评为主流投资者和富裕投资者的首选。
- 《智慧投资者》（Smart Money）杂志把嘉信理财网评为在线交易的第一名，并指出"嘉信理财网的客户数超过任何与之竞争的对手"。

- 《电脑世界》(*PC World*)杂志把嘉信理财网评为1999年最佳线上经纪公司类别的世界一流奖的获得者,并指出"嘉信理财网是当之无愧的线上经纪公司之王"。
- 《首席信息官》(*CIO*)杂志提名嘉信理财网为CIO 100获得者,认可它通过科技手段同顾客建立并加强关系的价值。
- 《线上金融新闻》(*Financial Net News*)把嘉信理财网评选为1998年的年度金融网站。
- 《电脑杂志》(*PC Magazine*)授予嘉信理财网在顾客支持、报道和研究方面的优秀评级。

嘉信理财网认为上述那些还不够,又列出了独立的投资者对它的最高评级。

- 在线投资者的数量更多:超过250万投资者选择嘉信理财网帮助自己在网上投资。
- 在线交易量更大:每天,嘉信理财网处理的在线交易量超过任何一家经纪公司。
- 更多在线资产。

当嘉信理财网说完这一切后,谁是最受青睐的网上经纪公司就毫无疑问了。事实上,它的竞争对手甚至害怕提起这个问题。

有争议的受青睐

汉堡大战中出现了一个轻率地使用青睐度的案例,那就是汉堡王的华堡（Whopper）。

汉堡王在全美国播放电视广告，声称自己的华堡特大汉堡是"美国人最喜爱的汉堡"。

汉堡王提出这个主张的依据不是销量。麦当劳的店数是汉堡王的两倍，麦当劳巨无霸大汉堡的销量当然更大。汉堡王的依据是它出资做的一项调研，该调研在全美范围内通过电话访问700人，提及的问题是："你最喜欢哪种汉堡？"

华堡特大汉堡被提到的次数最多（汉堡王声称有33%的人提到）。

麦当劳的销量超过汉堡王，而且汉堡王的调研并非出自知名的公立机构，而只是一家第三方调研公司的说法，汉堡王却想以此构筑它受青睐的战略，我们对其效果深表怀疑。

《纽约时报》甚至也对这个战略提出了疑问，其广告版面有一篇文章谈论了汉堡王的广告，文章第一句就是："汉堡王是不是在撒谎？"

受青睐要站得住脚

华堡的例子对使用青睐度作为差异化提出了一个关键点。

当你的主张能经受仔细审查时，"别人认为什么对"这条社会认同法则会变得更有威力。你的主张越是站得住脚越好。

如果你正在自己做调查，那你最好多花点钱让一个一流的团队来帮你做。

如果你想引入第三方的调查，那么就要确保它们的声誉有影响力（比如 J.D. Power 和查氏调查）。

如果还没人对你的领域做过调查，那就设法说服一份行业出版物去做一个调查。对于出版物而言，调查会挖出好故事，而对领导品牌则是个受青睐的故事。

广告业传奇人物大卫·奥格威很明白媒体作为第三方的威力，他说："阅读文章的人数大概是看广告的人数的 6 倍，编辑比广告人更擅长沟通。"

获得 J.D. Power 公司的认可

位于新泽西州瑞奇伍德镇的威利医院（Valley Hospital）的大厅里，放着一个聚光灯照射的闪闪发光的东西，它不像是医院的应有之物，那是 J.D. Power 公司颁发的"杰出医院项目"奖杯。

J.D. Power 公司作为一个评估汽车品牌、航空公司等各行业从业者的卓越程度的公立第三方，建立了良好的声誉。如今它也研究医院，调查病人的体验，包括住院次数、护理人员、检验人员和治疗人员、医生对病人的呵护管理、医院环境（比如房间和饮食的硬件舒适度）以及出院手续等。

威利医院是纽约州、新泽西州和康涅狄格州三州区域首家获此奖杯的医院，由此引发了大量公关报道。如今威利医院已连续三年获奖。这个来自外部的认证，产生了巨大的效应：

- 医院员工士气大振。
- 病人对医院的认知度和青睐度不断攀升。

- 大部分病人表示对医院有"更高"或"高很多"的信任和信心。

医院的一位管理者告诉我们:"由于 J.D. Power 品牌是如此响当当,它证实并保证了我们病人的一贯体验。"

合乎道德的受青睐

在某些行业里,大力推销自己是件尴尬的事情。比如医疗服务组织,它们不想把自己的医生变成推销员。

但病人还不具备水平做出复杂的医疗决定(决定买雷克萨斯还是奔驰车就够难的了),那么病人该如何摆脱这种选择的痛苦并选对医生呢?

"别人是怎么想的"又一次发挥了作用,甚至那些担心医生做广告的人也对此评价甚高。

兰迪·科恩(Randy Cohen)是一位伦理学家,他说:"帮助病人找到合适的医生是个值得赞扬的目标,要达到这个目标有一种更好的方式。"他的解决方案就是:"医生的医术可以由中立方进行评分,就像《巴伦指南》(*Barron's Guides*)给大学评分那样,或者把病人在病床上的意见整理成医生版的《查氏调查》。这两种做法都不会把医生摆在道德上的尴尬境地。"[2]

运动鞋中的受青睐

耐克在运动员和团队赞助上投入了大笔的资金,以此建立了声誉，做大了业务。第6章曾提到，耐克签约了4 000名运动员，他们活跃在世界上每个角落的几乎各种大型赛事上——包括迈克尔·乔丹、泰格·伍兹、米亚·汉姆（Mia Hamm）和罗杰·费德勒（Roger Federer），13所美国重点大学、3个国家橄榄球队以及20个国家级足球队。只要他们是大牌运动明星，你就可能在他们身上的某个部位找到耐克的影子。

耐克的受青睐战略可以概括为"世界上最优秀运动员的穿着"。

布鲁克斯体育用品公司（Brooks Sports）也从事运动鞋业务，当耐克在财务上碰到一些麻烦时，布鲁克斯的财务表现却很漂亮，销售额大大增加。

布鲁克斯的受青睐角度是那些真正的跑步者，只有200名跑步运动员能免费获得它的运动鞋。像里贾纳·乔伊思（Regina Joyce）和约翰·森斯（John Sence）那样的运动员不是家喻户晓的名字，但是他们在跑步比赛圈子里却是知名度极高的人物。

布鲁克斯每年只在一些如《跑步者世界》（*Runners World*）和《跑步时代》（*Running Times*）那样的小众杂志上投入区区75万美元的广告费（耐克仅在一个花哨广告上的花费就比它多）。

其中的寓意是：如果你不能让所有人青睐你，就找一个青睐你的群体。

效仿精神

很久以前，智威汤逊广告公司的创办人斯坦利·雷梭

(Stanley Resor)从效仿的角度谈论了受青睐。他说:"我们模仿那些我们认为在品位、知识或经验上胜过我们的人。"[3]

很久以前,欧洲的歌剧明星证明了好彩牌(Lucky Strike)香烟给他们的歌唱带来的有利效果。

事实上,骆驼牌(Camel)香烟播放过一个广告,自豪地宣称:"同其他香烟品牌相比,吸骆驼牌香烟的医生数量最多。"(是的,在弗吉尼亚,那是个真实有效的广告。)

罗马尼亚女王说把自己的美丽托付给旁氏(Pond's)雪花膏,《女士家园》杂志上刊登的女王广告,吸引了9 400人拿着广告优惠券来购买产品。(不输外国品牌,以雷金纳德·范德比尔特夫人为主角的一则广告吸引了10 300人拿着广告优惠券来购买产品,没有一个人能超过这个数字。)

一则1927年的广告说:"10位影星中,有9人用力士沐浴香皂护理皮肤。"

同年晚些时候,效仿就做得过了头。有一期流行杂志中,一位名叫康斯坦斯·塔尔梅奇(Constance Talmadge)的女演员代言了8种产品,其中包括轮胎的内胎和闹钟。

如今,运动员取代了电影明星,可以代言从牛奶到银行到铝轨的所有产品,他们成了今天的英雄人物。

"适合"的重要性

在中国和日本,名人可以让任何产品都变得大不一样。在美国,代言人必须要和产品匹配,否则会浪费大笔钱。美国人不那么容易被知名人物打动,所以用名人代言必须要合理。

让当代男演员罗伯特·米查姆(Robert Mitchumn)做"无系带"垃圾袋的代言人就显得愚蠢可笑。(内幕笑话:他从不系鞋带。)而让詹姆斯·加纳(James Garner)和沙比尔·谢波德(Cybill Shepherd)帮忙销售牛肉就是个灾难,詹姆斯最后得了心脏病,而沙比尔喜欢素食胜过红肉。

凯瑟琳·德内维(Catherine Deneuve)代言香奈尔,迈克尔·乔丹代言耐克,保罗·霍根(Paul Hogan)代言斯巴鲁傲虎车,这些都非常适合。让斯蒂夫·扬(Steve Young)代言牛奶?这就难说了。

中国人喜欢英雄

我们说过,在中国市场上,不管英雄人物合适与否,他们能代言所有产品。如今,有的中国公司把知名人士或知名形象用在自己的广告展示中,以此把自己的产品同竞争品牌区别开来。比如,北京某啤酒公司把公司总裁和克林顿总统的合影展示在王府井商业街。

不用说,像万宝路香烟上的牛仔、米老鼠和泰格·伍兹那样的强势人物早就被用上了。

一个练习:让酒店受青睐

让我们放松一下,为一家豪华酒店连锁制定一个受青睐战略。我们要考虑的是两家公司，一家是丽思卡尔顿酒店（Ritz-Carlton），拥有63家豪华酒店和度假酒店，分布于21个国家；另一家是四季酒店（Four Seasons），拥有70家酒店，分布在30个国家。

《康德纳斯特旅行家》杂志面向富裕的旅行者，针对其28 000名读者进行了一项调查，评出2006年的"黄金榜单"。在美国的酒店中，丽思卡尔顿酒店有24家酒店上榜，四季酒店有18家酒店上榜。

《商务旅行新闻》杂志对600个负责公司商务旅行的经理和商务旅行社进行了调查，依据12项属性评估酒店的表现和顾客满意度。调查结果显示，丽思卡尔顿酒店以8.65分位于榜首，略微领先于得分8.51分的四季酒店。同时，该杂志指出，丽思卡尔顿酒店连续6年获得最高分。

两家酒店的差距确实很小，但我们更青睐丽思卡尔顿酒店，最挑剔的人最青睐丽思卡尔顿酒店。丽思卡尔顿酒店应该推出一个广告运动，告诉人们它是那些想住哪儿就住哪儿的有钱人的首选，它是"精品中的精品"。

第17章 制造方法可以成为差异化概念

DIFFERENTIATE OR DIE

企业总是努力地开发新产品,一大群工程师、设计师和生产人员投入大量时间,开发出自认为胜过市场上任何同类产品的独特产品。

然而,企业的营销人员却认为,上述工作是理所当然的,没有什么特别,然后转向诸如广告、包装以及促销等营销工作中去。

我们则深信,应该深入了解一个产品,搞明白它到底是如何工作的。通过这种方法,我们经常能发现被企业忽视的强有力的差异化概念。

神奇成分

许多产品通常包含一项技术或一项设计,使它们能正常运作。这项技术通常注册了专利权。然而，企业的营销人员往往忽略了这些因素，因为他们认为这些技术或设计太复杂或太容易混淆，很难向顾客阐释清楚。他们宁愿做市场调研和消费者访谈，来找出产品的利益点或产品带来的生活方式体验。他们最喜欢说这样的话："人们关心的不是产品的制造过程，而是产品能给他们带来什么用处。"

上述观点的问题在于，在很多品类中，有大量的产品能给人带来一模一样的好处，比如所有的牙膏都能防止蛀牙、所有的新车都开起来很棒、所有的洗涤剂都能洗净衣服。相反，产品的制造方法往往能让它们变得与众不同。

正因为如此，我们喜欢关注产品本身并找出那项独特技术。接下来如果有可能的话，我们就给那个设计元素命一个名，把它包装成一项神奇成分，从而让产品变得与众不同。如果它是个注册了专利的神奇成分，那就更好了。

佳洁士推出含氟防蛀牙膏时，它确保让每个人知道它的牙膏含"氟"。有人清楚氟是什么吗？不清楚。这有关系吗？没关系。它就是听起来很吸引人。

索尼开始主导电视机行业时，它大力宣传"特丽珑"显像管。有人清楚"特丽珑"是什么吗？不清楚。这有关系吗？没关系。它就是听起来令人难忘。

通用汽车公司可能投入了超过1亿美元宣传凯迪拉克的北极星系统。有人明白这个引擎的工作原理吗？不清楚。这有关系吗？没关系。它就是听起来使人感觉技术先进。

神奇成分无须解释清楚，因为它们就是神奇。

高科技成分

产品越是复杂，你就越需要一个神奇成分把它同竞争对手的产品区别开。

硅图公司（Silicon Graphics）率先开创了用于三维运算和视觉运算的电脑工作站，它们是令人称奇且非常复杂的机器。我们发现，让这些视觉得以处理的是一项叫"几何引擎"的独特技术。我们说服硅图公司把这个设计要素摆上前台，作为营销规划的核心。这项技术不仅让硅图公司的视觉运算工作站更加出色，而且与众不同。

阿酷雷（AccuRay）是ABB（Asea Brown Boveri）的下属公司，其生产的质量控制系统用于造纸行业。该公司的新系统能让造纸企业在生产过程中监测整张纸，任何漏洞都会被立刻发现，技术员就能马上纠正，从而大幅度较少浪费。新系统的好处是显而易见的，那就是实现最大范围的监测，但我们想知道阿酷雷是如何做到这一点的。我们发现它有一个神奇成分，我们称之为"专利棱镜技术"。有人清楚专利棱镜技术是什么吗？不清楚。这有关系吗？没关系。它就是听起来吸引人，让阿酷雷的质量控制系统不仅更出色，而且与众不同。

让差异化变得惹人注目

一旦找到了差异化，就要不遗余力地炫耀它。

如果你提出了一项创新，就一定要让它惹人注目。康蒂思

（Cordis）就是这样，它是强生公司旗下的一家公司，专门制造心脏诊断设备。

过去六年里，康蒂思最受欢迎（也是最赚钱）的产品线是Brite Tip 指引导管。Brite Tip 有一个出色的名字，是一项注册专利的灵活末梢技术，它使心脏科医生很容易地"看到"导管末梢，所以当医生把导管放入要进行支架安放或血管成形手术的动脉时，可以清楚"看到"导管末梢的准确位置。

在该产品面世之前，医生必须竭力猜测，因此在手术过程有许多动脉开口会受损伤。

该产品的差异化特点——灵活末梢，是生产上的一项奇迹，现在行业里几乎每家公司都已抄袭它。尽管它在市场上至少有 7 个竞争对手，但它还是占据了 60% 的市场份额。（很可能是因为它的品牌成了品类的代名词。）

产品创新

有些产品概念没有隐藏起来但也不神奇。如果你有某项新技术，就应该以此为基础定位你的产品。

多芬（Dove）香皂多年来是北美第一香皂，它的成功原因和差异化就印在包装上的品牌名下方：润肤乳。多芬香皂含有润肤乳的事实，为它建立了更好地呵护皮肤的好处，因此它的差异化是含有润肤乳。

很多滑雪板向你承诺可以在雪上更好地滑行，但有一个品牌开发出一项创新，为它提供了控制自如的好处。该品牌叫动感星（Dynastar），它有一项技术叫"独特尖尾设计"。"尖尾技术提供精确控制"，由此把产品创新和由此带来的好处结合起来，这双雪板就拥有了差异化。

迪吉奥诺比萨（DiGiorno）找到了一个解决冷冻比萨再加热的方法。（烘烤两次的难题。）迪吉奥诺比萨中的面粉没有发酵也没有烤过，所以当你把它放在微波炉里时，实际上是第一次烘烤。刚刚烤好的比萨吃起来就像比萨店里的那样，这种冷冻比萨就有了差异化。

系统创新

提出和你的产品相关或属于某个系统的东西，就有机会以此为差异化。

百得公司（Black & Decker）就是凭借维萨派克（VersaPak）创新做到这一点的。它是一种可用于多种不同工具的充电电池。百得公司甚至还做了一个大的推广活动来证明这项全新的技术，他们把维萨派克货车开到全国各地，让顾客亲自体验这项新技术。

加利福尼亚州沃特森威力市的花岗岩石材公司是一家向本地承包商销售岩石和沙子的公司。（这类产品没有多大区别。）租运卡车来搬运大量的建筑材料每分钟花费超过1美元，因此时间显得尤为重要。

为了加快速度，该公司开发了一套自动装货系统，类似于ATM机。该系统根据识别卡发放材料，然后打印单据。他们把它称之为"花岗岩速递系统"，把装货时间从24分钟压缩到了

7分钟。

现在一提及买沙砾或沙子时,那就是个差异化。

按正确的方式做

制造产品的方法通常有错误和正确之分。错误或较不满意的制造方法,往往是省钱的方法,咨询顾问喜欢把它称为"改善生产行为"(意思就是削减成本)。正确的制造方法则成本高,但能生产出更好的产品。

有时候,如果整个行业都在按错误的制造方法做,你就可以采用正确的制造方法来实施差异化。斯坦尼斯洛斯食品公司就是这样的例子,它成了番茄沙司的领先生产商,为美国的大量意大利餐馆供货,而且它的番茄沙司售价很高。它的战略是不跟随行业制作浓缩番茄汁的做法(浓缩番茄汁售价更便宜并且运输更方便)。

迪诺·科尔托帕西(Dino Cortopassi)是公司所有者,他觉得没有经过浓缩工艺而新鲜包装的番茄沙司,尽管成本很高,但味道更佳。

那就是他的差异化,而且美国大多数的意大利餐馆赞同他的看法,这让他的竞争对手感到沮丧。

制作更好的比萨

有个人认为科尔托帕西制作番茄沙司的方法是正确的,他就是约翰·施纳特(John Schnatter),棒约翰比萨连锁(Papa John's Pizza)的CEO及创办人。

他还在他父亲的酒馆里制作比萨时就开始用科尔托帕西的番茄沙司,他创办棒约翰比萨连锁后还是继续用科尔托帕西的番茄沙司,尽管它的价格比其他品牌贵很多。由于其他比萨连锁店用的是没那么好的浓缩番茄沙司,约翰就能把自己比萨的制作方法作为差异化。他的差异化信息十分直截了当:更好的原料,更好的比萨。

如今,约翰拥有3 000多家分店,"棒约翰比萨的制作方法"的差异化使它成为美国最成功的比萨连锁店。

做成方的

没有比白色城堡(White Castle)更好听的产品故事了,它是美国第一家汉堡快餐连锁店,并成为美国的一种标志。白色城堡在美国东部和中西部的330家店里销售方形的手掌大小的汉堡包。

在过去70多年的历史中,它几乎没有任何变化,无论是它的汉堡还是城堡形状的建筑。实际上,其中一位创办人的孙子是现任CEO。

它精心设计的产品战略使它在无数竞争对手相继消失后仍然存在。其结果是,它拥有一群狂热的追随者,一代又一代。它甚至把自己的汉堡冷冻起来,送到未开店区域的超市中销售。

它的成就令人称奇,以单店平均销售额衡量,只有麦当劳能超过它。它是"保持航向"的一个好例子。

以传统方法制作

还有一个类似的故事,那就是阿伦·斯特赖特公司(Aron Streit Inc.),它是最后一家独立的犹太薄饼公司。(有些人不了解,犹太薄饼是正宗、不放发酵粉、不加盐以及不添加其他任何东西的饼,它让以色列人活着逃离了埃及。)

B. 马尼斯储维兹公司(B. Manischewitz)主导了市场,而斯特赖特公司只占很小的市场份额,后者认识到只有"传统"才能把自己的犹太薄饼同其他品牌区别开来。尽管斯特赖特公司把它的许多其他产品进行了生产外包,但它仍然在曼哈顿下区的里文顿(Rivington)大街制作自己的犹太薄饼,自1914年公司创立以来一直如此。

如果你阅读斯特赖特公司的宣传材料,你会发现它很懂差异化。它这样说:"为什么斯特赖特牌犹太薄饼不同于国内其他品牌的犹太薄饼呢?因为我们只在自己的炉子里烘制斯特赖特牌犹太薄饼。"

它仍然沿用传统方法制作自己的犹太薄饼。

放弃过时的方法

在委内瑞拉有一个番茄酱大品牌叫潘派罗(Pampero),它的故事刚好和斯特赖特相反。

潘派罗请我们去时，德尔蒙（Del Monte）和亨氏（Heinz）已经把它挤出了第一的位置，它正在走下坡路，需要超越它现在声称的"更红"或"更好"的差异化质量概念。

为什么潘派罗更好？它如何处理番茄呢？在做了一番调查后，我们发现潘派罗去除了番茄的皮，从而使番茄酱品牌的口味和颜色更好，而它的对手们在生产过程中都没有把番茄去皮。

这是个有趣的概念，潘派罗可以利用"去皮"带来的质量和口味认知。

当我们告诉公司管理层这是重建品牌认知的最好方法和唯一方法时，他们变得非常不安，因为公司为了降低成本正在转向不去皮的自动生产流程（按德尔蒙和亨氏的方式），它不想听到维持传统方法的建议。

我们的建议是停止工厂现代化计划，因为"去皮"才是差异化概念。像你的竞争对手那样做就会被消灭。

售价高一点

如果你有"更好制作"的故事，那你就有基础把你的产品卖得贵一点儿，科尔托帕西就是这样卖番茄沙司的。这样做还无形中告诉你的顾客，你的竞争对手正在按省钱的方法做事。

在高度成熟的果汁饮料品类中，新鲜萨曼莎（Fresh Samantha）品牌也是这么做的。该品牌的市场份额不断增加，它的秘诀是使用新鲜的水果和蔬菜,并把它们放在巨大的榨汁机里榨汁,产出昂贵的、独立包装的果汁饮料。它的果汁真的比其他品牌的果汁更好吗?可能不会,但是关注健康的美国消费者会认为是的。这说明有时候制作方法是说出你的差异化的方法所在。

马来西亚的手工制品

没有比手工制作的东西更特别的了。

驾车驶出吉隆坡不远就是一家制作皇家雪兰莪(Royal Selangor)的工厂,很多人认为它是出产世界上最好锡器的地方。

参观工厂一圈后就能发现它的差异化之处,它所有的制品都是手工精心打造的。

如果一个产品是手工制作的(或者声称是手工制作的),人们就会觉得他们在购买艺术品。生产这些产品的人收入很低,这个事实对顾客来说并不重要。顾客认为这些工人是艺术家,他们靠技艺精心制作了这些产品。

即便机器能生产出更好的产品,人们也会觉得手工制作的产品更值钱、更好。

最强的割草机品牌叫洛克(Locke),梵蒂冈、扬基体育场(Yankee Stadium)和白宫都用这种机器,它声称是手工制造的。(它同时会寄给你 2 500 美元的账单。)

所以,如果你有机会谈论你的产品中包含手工制作,那就赶紧说出来吧。

有助康复的环境

当你以有助于健康的方式设计并建造出一家医院时,实际上能把这个让多数人惧怕的机构变成一个给人支持、助人康复的地方。

大量研究显示,良好的医院设计能舒缓病人和家属的压力,便于人们找到要去的科室,调动感官,并与自然和美好相连。[1]

如何让一家医院亲切和健康?从第一印象开始:代客泊车,免费停车,有摆渡车把就诊者从远处的停车场接到医院。医院大厅里应该有问候、音乐和导医员。公共区域应该有玻璃门和点缀照明。油漆颜色让人愉悦,而不是让人难受。(让人愉悦的颜色和让人难受的颜色的成本是一样的。)

院子、屋顶花园和阳台把外部世界引入充满压力的内部环境。候诊区应该有自然照明、艺术品、喷泉和鱼缸。(但没有晃眼的电视机。)护士工作台应该是开放而容易接近的。病患区的小厨房允许病人家属带自己的食物,并让他们在"家庭聚餐"的环境中做决定。

如果你认为上述都是异想天开,那么请去参观一下位于康涅狄格州德比市的格丽芬医院(Griffin Hospital)。该医院每年接收12 000位住院病人,服务140 000位门诊病人,并且具备我们上面所说的所有"它是如何建造的"特点。医生和护士鼓掌称赞医院的设计,病人平均满意度达到98%,而且它是美国唯一一家自1999年以来每年入选《财富》杂志"100家最适合工作的公司"名单的医院。

与众不同的棺材

贝茨维尔(Batesville)是美国第一棺材制造商,它在实施差异化战略方面最为努力。

只有贝茨维尔的金属棺材提供"阴极保护",相同的技术被用在保护阿拉斯加输油管道和轮船免受腐蚀上。

它还有"一次性密封"系统,该系统能防止棺材渗漏。每个棺材都经过真空测试以防止渗漏,你可能会相信这一点。(当你想到它要掩盖自己的错误是多么容易时,这会给你留下深刻印象。)

基于以上技术,它保证有些棺材最多可用75年。

当米瑞安阿姨被放入贝茨维尔棺材里安葬时,她的家人知道他们用了最好的棺材安葬她,她会受到很好的保护。

与众不同的饼干

每个人都是吃着动物饼干长大的。100年来,巴伦动物饼干,这种形状像马戏团动物的甜饼干一直是Nabisco的支柱之一。

尽管多年来对这个品牌的支持很少,年复一年,它那独特的亮红色列车形状的盒子装的动物形状饼干一直很成功。

没有电视广告,没有平面广告,也没有广播广告,但它是饼干品类中人们最熟悉的品牌和产品。

它证明了一个制造上的差异化所具有的意义。

第 18 章 新一代产品是个差异化概念

DIFFERENTIATE OR DIE

在当今这个飞速变化的高科技世界中，人们已经习惯了"新一代"产品。新一代产品不仅是人们意料之中的，也是他们所期盼的。

我们建议企业要想方设法推出新一代产品，而不是试图推出更好的产品，前者才是差异化之道。

新一代产品带来的心理反应是显而易见的，没人想买被认为已经过时的产品。所以超越竞争对手的办法就是把自己定位成更好的新产品（关键在于"新"字）。

自我淘汰

多年来我们一直提倡，强大的领导者要用新一代产品"攻击"自己。这方面没有公司比英特尔做得更好。

英特尔芯片的更新换代真是个奇迹（见表18-1）。

表 18-1　英特尔 1974～2007 年推出的芯片

1974 年	8080	1999 年	奔腾Ⅲ
1982 年	286	1999 年	赛扬
1985 年	386	2000 年	奔腾Ⅲ Xeon
1989 年	486	2001 年	安腾
1993 年	奔腾	2002 年	奔腾 4
1995 年	奔腾 Pro	2003 年	奔腾 M
1997 年	奔腾Ⅱ	2004 年	奔腾 4E
1998 年	奔腾Ⅱ Xeon	2007 年	酷睿 2 四核

英特尔时隔不久就会推出新一代芯片，淘汰过时的芯片，凭此主导了技术高深的芯片业务。英特尔这么做后，它的竞争对手就没法向它发动进攻，甚至价格战也用不上。（竞争对手的产品虽然价格低，但不过是过时的低价芯片。）

吉列不断推出新一代剃须刀片的战略也是采用这种方法主导市场的例子。

通用电气也采用了这种方法，不断改进不起眼的灯泡产品。它的最新产品是一种叫增彩（Enrich）的灯泡，这种独特的蓝色玻璃灯泡加强了颜色的对比度，能为室内陈设和装饰品带来鲜艳色彩。

滑雪靴传奇

滑雪靴和芯片不同，新一代的产品不常出现。一旦出现新一代产品，那一定是突破性产品，促使人们扔掉旧靴子购置新的。(毕竟，它们是突破进来的。)

如果你不是滑雪爱好者，那我要告诉你兰格（Lange）是滑雪靴业的领导品牌，性能比较高，大多数专业滑雪者都穿这个牌子。(这是个备受青睐的差异化。)然而，滑雪靴市场同汽车市场很相似，市场上有大量性能出众的其他品牌可供选择，并且有些牌子被认为穿着更舒适。

滑雪靴市场最多只能被描述为不景气的市场，要从那些靴子制造者手中抢生意需要的不仅仅是一个新特性，而是一双不仅仅提供高性能的新一代滑雪靴。(有多少滑雪者会参加比赛呢？)

兰格需要一项新发明，使自己成为新一代的滑雪靴的领导者，并凭此瞄准滑雪靴的整个高端细分市场。

一项安全发明

滑雪中膝盖受伤事故每年以3倍的速度递增，兰格的工程师们着手寻找解决这个问题的方法。他们在分析这个问题时发现，虽然滑雪比以前安全了很多，但是向后跌是造成受伤的罪魁祸首，由于靴子把滑雪者的脚牢牢固定在雪橇上，向后跌时就会导致膝盖牵拉而受伤。

为了解决这个问题，他们开发出了"后部松脱系统"，即当滑雪者向后摔倒时，靴子的后部会自动松脱，从而让膝盖免受牵拉。

我们建议兰格公司不要把这项新发明仅仅当成一个新特性，而是将其作为"能保护膝盖的新一代滑雪靴"推向市场。这个概念的精妙之处在于它能比高性能的概念覆盖更广泛的目标人群，因为不是每个滑雪者都参加比赛，但每个人都有一副膝盖。

兰格拥有在滑雪靴上进行技术创新的悠久历史，这项新发明只是个延续。1970年，兰格第一个推出了防止脚踝受伤的靴子。30年后的今天，它又第一个推出了防止膝盖受伤的靴子，增加了它在技术领导地位上的信任状。

一双能保护你膝盖的靴子必定是一双与众不同的靴子。

抗酸药争夺战

药品行业被称为导演新一代产品的大师，在胃药的市场争夺战中就显示了最新产品的力量。

20世纪70年代中期，H2受体拮抗剂（H2RAs）的出现改革了溃疡和其他与酸相关疾病的治疗。病人最终有了治疗溃疡的药物，手术治疗溃疡的需求直线下降。泰胃美（Tagamet）是第一种H2受体拮抗剂，它的高峰销售额达到每年10亿美元。直到善胃得（Zantac）出现后，泰胃美才黯然失色，善胃得每年的销售额稳定保持在20亿～30亿美元之间。美国食品和药物管理局（FDA）在20世纪80年代后期批准的另外两个H2受体拮抗剂派普西（Pepcid）和爱希（Axid）也获得了可观利润。

1993年，新一代抑酸药洛赛克（Prilosec）牌质子泵抑制剂（PPIs）首次在美国上市。H2受体拮抗剂和质子泵抑制剂抑制胃酸分泌的机理是不同的：H2受体拮抗剂阻断胃壁细胞上的受体组胺活性，而质子泵抑制剂则让胃细胞中所谓的酸泵不起作用从而抑制胃酸分泌。

质子泵抑制剂相对 H2 受体拮抗剂的优势在于加强了抑酸作用,并且不需要经常监控。洛赛克早期的推广活动聚焦于药物的生效机理。

1996 年,在美国市场推出三年后,洛赛克(Prilosec)替代善胃得一跃成为市场领导品牌。到 1998 年,洛赛克占据了治疗溃疡药物 33% 的市场份额,成为世界上最畅销的药物,全球销售额达到 39.8 亿美元。

随着导致溃疡的细菌幽门螺旋杆菌的发现,今后的治疗可能从抑酸剂转向抗生素。

在药品行业,一旦你有了新一代产品,就要抓住时机。

突破传统

药品的新一代与老产品有根本区别,因为它们的化学成分不一样,在体内的生效方式也不同。

让新产品"突破"老产品是很重要的,因为这样才能让预期顾客相信这的确是新技术。新老产品之间的差别越大,新产品就越容易销售。

微波炉和传统烤炉之间的竞争就是这种例子(起初老式烤炉获胜)。

微波炉生产商发动了新一轮的进攻,它们克服了微波炉烹饪遇到的问题(做出来的菜看上去不美味,食物烹饪不均匀)。它们推出了新一代微波炉,这种微波炉采用的新技术能让食物变脆和变成褐色，该技术是像卤钨灯或热空气之类的东西。

它们并没有把这种微波炉叫作"更好的微波炉"，而是叫"快速炊具"，希望借此突破传统（而且它们确实需要突破）。

添加其他技术

在微波炉案例中，我们看到生产商们是通过添加一项其他技术而创造出新一代产品的。这是一个非常有效的建立差异化的方法，因为人们会很快把它看作一种进步，无论他们是否真的搞得明白。（两项技术总比一项技术好。）

迈思通科技公司（Milestone Scientific）把电脑技术应用到非常简单的皮下注射器上，研发出万德系统（Wand），声称是第一个电脑控制的注射系统。

该系统采用小型电脑控制并输送适量麻醉剂，所以注射时几乎没有痛感。（该公司甚至还有一个叫 SloFlo 技术的神奇成分。）

最具戏剧性的是，150年来拇指控制的皮下注射器没有出现过多大的变化，"新一代"产品已经姗姗来迟了。

以"直销"建立差异化的戴尔添加了一项技术，把网络服务和电脑捆绑起来。我们把这种做法称为"加大赌注"，以此保持品牌的差异化。

利用历史优势

如果品类有创新的历史，而你参与其中，你就应该利用它作为自己的优势并把它发挥得淋漓尽致。如果你之前也推出过"新一代"产品,你在推出后面的新一代产品时就有巨大的信任状做后盾。

数字设备公司就是这种例子,它后来被康柏公司收购了。数字设备公司有机会推出64位元电脑架构的新一代产品,但不幸错失良机,结果也失去了前途。

有些读者可能忽略了一段重要的电脑历史,当其他电脑厂商都是16位元时,数字设备公司开创了32位元的虚拟内存系统(VMS)操作系统和虚拟地址扩展(VAX)架构,成为世界第二大电脑公司。

数字设备公司曾有机会把64位元工作站和它非常成功的32位元小型机电脑联系起来,诀窍就是要利用这样一个事实:当数字设备公司推出32位元电脑时,行业专家说没有人需要32位元的机器。(结果证明专家说错了。)当数字设备公司推出64位元架构时,明显看出来行业对此还是不感兴趣。数字设备公司的最佳战略是本应该提出这个问题——历史会重演吗?既然历史上已经发生过类似事件,很可能还会再次发生。

在电脑业,如果有足够多的人认为历史会重演,它就会重演,可惜数字设备公司没有花精力让足够多的人相信64位元会续写32位元的成功。

最新产品不总是有效

现在说些负面消息。"新一代"战略中存在一些陷阱,你必须不惜一切代价避开它，否则会遇到麻烦。下面概括了几个陷阱：

- *不要解决一个不存在的问题。*你的新一代产品必须解决一个真正存在的问题，而不是一个不重要的问题。陶氏化学公司（Dow Chemical）推出了 Dowtherm 209，它是一种新型防冻冷却液，宣称"即使是漏到曲轴箱里也不会造成任何损害"（顺便说一下，它的价格是传统产品的两倍）。问题在于，传统冷却液几乎不会漏到引擎里。凭什么为一个不存在的问题付双倍的价钱呢？大多数人不会这么干。

- *不要搞乱传统。*有些虽然是真正的问题，但人们不想解决，他们就是喜欢传统的方式。没有比在棒球场吃带壳花生更具传统意义的了。但不幸的是，当比赛结束时每个观众脚下都是一堆花生壳。为了避免清扫花生壳的麻烦，哈里·M. 史蒂文斯公司（Harry M. Stevens）推出了透明纸包装的去壳花生，结果消费者感到不满，销量锐减，抱怨连连。还是回到带壳的做法吧。

- *产品必须更好。*如果产品不是更好，那人们为何还要用新一代产品呢？美国造币厂推出了印有苏姗·B. 安东尼（Susan B. Anthony）肖像的 1 美元硬币代替 1 美元纸币。对造币厂来说，这是项大改进，因为它每年将节省 5 000 万美元的打印和处理成本。而对公众来说，看不到什么好处。1 美元硬币看起来像 25 美分硬币，很多人觉得它很难看。再见，苏姗。

新一代会悄然而至

哈佛商学院的一位先生在《创新者的窘境》(The Innovator's Dilemma When New Technologies Cause Great Firms to Fail)一书中提出了"颠覆性技术"(disruptive technologies)的概念。[1]

他认为新技术出现时常常像是披着羊皮的狼,它们从不符合你现有客户的需求,也不支持华尔街的利润预期。它们看起来不那么重要,但是一旦立足就会很快改进并成为主流技术支柱,从而真正成为新一代。

数字设备公司是小型机电脑之王,它忽视了个人电脑,因为个人电脑在技术上不重要。数字设备公司认为个人电脑是个玩具,但没过几年,这个玩具就逼得数字设备公司退出了市场。

美林证券是行业的领导者,它提供越来越多的精细服务,而嘉信理财则选取了最没有吸引力的那块市场。嘉信理财随后进行了大量创新,使自己几乎不再被认为是一家折扣经纪公司。

新一代应当不一样

看来对付颠覆性技术的唯一方法是创建或者收购一个独立的组织,让它来应用这项新技术。这种组织可以是一家独立的公司,也可以是一个新品牌。

企业经常犯错误,要么试图全力维护旧技术,要么把新技术混入一个只懂得旧技术的企业里。

既然柯达觉察到了数码相机对传统胶卷构成威胁,它就不应该把数码技术导入柯达，而应该另成立一家新公司或者推出一个新品牌，然后让新公司或新品牌同旧的竞争。

10年前，一家创业银行去加拿大考察一家没有分行、没有ATM机、没有支票簿、不设账户最低余额的银行是否能生存。（现在那是个真正的差异化。）

这家银行不仅生存了下来，而且繁荣昌盛。于是它的母公司荷兰国际集团（ING，一家荷兰金融财团）在另外8个国家推出了"ING Direct"网上银行业务。ING Direct 如今在美国是最大的网上银行，美国业务占到了它900亿美元在线存款中的一半多。

ING Direct 在美国没有一家分行，却在美国所有银行中排在第24位。到2007年年中，该银行有500万用户，且每月增加10万人。

这家新银行没有实体建筑，所以能支付4.5%的储蓄利率。（美国银行的平均储蓄利率不到1%。）为了保持简单和控制成本，它只提供一种支票账户、一种存款账户、两种房屋抵押贷款——5年期和7年期。

它为何不提供30年期的房屋抵押贷款？ING Direct 的CEO表示，由于大多数人会在7年里搬家或者再贷款，所以他们不需要那么长时期的贷款。[2]

就是这种与众不同的思维方式让 ING Direct 领先于花旗、汇丰、美国第一资本投资国际集团（Capital One）和 E-Trade 的纯网上银行，虽然它们也都不收费、不设最低账户余额并支付高于平均水平的存款利率。

第19章 热销是个差异化概念

DIFFERENTIATE OR DIE

一旦你的产品热销起来，你就该让整个世界知道你的产品是多么火暴。我们在 16 章中提到，人们好比是羊，所以他们喜欢知道哪些是热点以及哪些不是。也正因如此，口碑在营销中是一股强大的力量。口碑通常是指一个人把一个热点告诉另一个人，这很重要，因为美国人虽然怜爱失败者，但还是会买赢家的产品。

害怕自我吹嘘

可惜很多公司不好意思讲述它们的成功，它们说自我吹嘘不太好，是出风头的表现，是一种坏习惯。事实上，它们不愿意自夸的真正原因是害怕自己不能永远保持热门。接下来会怎样？难道不会遇到尴尬吗？

企业要明白，让一家公司或一个产品起飞好比发射一颗卫星，早期通常需要大的推力才能使卫星进入轨道。一旦进入了轨道，情况就完全不一样了。

如果你的品牌很热，或者销售的增长幅度高于竞争对手，就能为它抵达一定高度提供所需的推动力。一旦进入轨道，就可以凭借其他办法保持在那个高度。

一个恰当的案例：科比特峡谷

为了更好地理解这个过程，让我们看看葡萄酒行业，在这个行业里实现差异化可不是简单的事情。

这是一个关于科比特峡谷品牌的故事，它是一种来自加利福尼亚中部的海岸峡谷的葡萄酒。这种葡萄酒起初就选用了一个形状独特的瓶子，所以当你走进零售店时会发现，它在一大堆葡萄酒里与众不同。这是科比特峡谷的第一项差异化。

接着，它创作了一个独特的电台广告，使用了制造山谷回音效果的设备，让它的名字更容易记住。(峡谷，峡谷，峡谷。)形状独特的瓶子、便于记忆的电台广告和大众的价格推动了这种葡萄酒的腾飞，它很快成了"美国增长最快的葡萄酒"。

最后一步是通过它的电台节目宣布这一点。自然合理的做法就是让一对男女主持讨论哪个品牌增长最快，并说出很多竞争品牌来猜，然后给出"暗示，暗示，暗示"。答案当然是显而易见的，它就是来自加利福尼亚中部"峡谷，峡谷，峡谷"的葡萄酒，其产地是一个能盛产美酒的地方。

到此为止,科比特峡谷有了一个能进入轨道的差异化概念。

实施转移

我们必须承认,刚才做的"峡谷"战略是个虚拟的练习。你不可能永远保持那么热,所以必须做好准备,一旦动力减弱,就要转移你的战略。在科比特峡谷案例中,它必须找到一个方式来解释自己的成功,无论是产自峡谷、口味奖、价值或其他别的什么东西。

"热销"战略的妙处在于它为品牌建立一个长期的差异化概念做了预备,它让消费者准备好相信你成功背后的故事。没有这最后一步的努力,你就无法进入轨道,相反会掉下来并在竞争中被摧毁。

热销的鸡肉

有时候趋势能让你热起来。美国人的口味趋势就是这样,由于墨西哥食物的成功,美国人准备好迎接更热辣的食物,所以辣鸡肉是一个很热的新品类。

派派思鸡肉餐馆提供热辣的卡津风格的炸鸡肉,它的电视广告说:"我们的出场,是要把美国人从平淡无味的鸡肉中拯救出来。"

与它最大的竞争对手肯德基相比,派派思鸡肉餐馆1 200万美元的广告预算是微不足道的,但它让人垂涎欲滴的美味是一个火热的差异化，这足以推动它超过胜奇士和福来鸡，成为销量第二的鸡肉餐馆。

派派思鸡肉餐馆应该传播这样一个事实，就是它正在逼近清淡鸡肉大王肯德基。大多数人知道派派思鸡肉很辣，现在也应该让他们知道它的销售也很火爆。

制造热销的诸多途径

当你使用"热销"战略时，你能定义为何你的产品很热。很多人没有认识到，热销可以有很多种定义，下面是几种最通用的方法。

- 销量　最常用的方法是拿你的销量和竞争对手的销量作比对，但别以为这必须是年销量，它可以是你选择的任何时间段——六个月、两年、五年都可以，只要你在所选择的这个时间段里位于领先地位就可以。此外，你不一定要和竞争对手比，和自己比也可以。
- 行业排名　大多数行业有年度业绩排名，可以是《餐厅新闻》(*Restaurant News*)和《美国新闻和世界报道》那样的消费者杂志，或者是像 J.D. Power 那样的组织。如果你在其中获得第一名，就要尽可能大张旗鼓地加以利用。
- 行业专家　有些行业有这样一些专家和评论员，他们的话经常被到处引用，他们也经常撰写专栏文章。高科技行业中更是如此,这个行业里有埃斯特·泰森(Esther Tyson)那样的人物和高德纳咨询公司(Gartner Group)那样的公司。有时候你可以利用他们的评论或报告来定义你的成功。好莱坞使用这个方法打造热门影片,出版业也借此打造畅销书。

想尽办法制造热销

《财富》杂志为自己做的一则广告是使用"热销"作为差异化的范例,它在《纽约时报》上的这则整版广告里几乎塞入了热销的所有方法。[1]

广告中有行业和商业杂志的评论,有报纸的评论,有订阅者的评论,还有四种销售数据,最后用一行大字"《财富》,比任何时候更热"结束广告。

读者知道《商业周刊》或《福布斯》杂志做得如何吗?不知道。这重要吗?不。他们只知道《财富》看起来是一本热销杂志,它必定有不同于其他杂志的独到之处。

媒体可以让你热起来

自吹自擂是有用的,但如果能让别人夸那就会更好,大张旗鼓的公关宣传能带来巨大的回报。

"第三方"信任状具有强大的威力,无论是来自你的邻居还是当地报纸,人们觉得这些来源是客观的,所以当他们说你热销时,你肯定就是热销的。

制造成功的公关就像是在池塘中扔石头,虽然开始波浪会很小,但却会波及整个池塘。首先从行业专家开始,然后扩展到行业报纸,最后到商业媒体和消费者媒体。

对一家高科技互联网服务公司首席执行官的采访表明了媒体的重要性。

媒体也可以让你冷下来

热起来是一回事,要保持热度就是另一回事了,因为热度很难维持。

下面是一份畅销的新闻简报列出的2007年全球十大最受欢迎的酒店,它们处于时尚的最前沿,反传统、感性、现代,是当地明星、社会名人和追求个性的人聚会的天堂。

- 纽约市的 SoHo Grand Hotel
- 伦敦的 The Metropolitan
- 迈阿密的 Delano
- 澳大利亚昆士兰市的 Palazzo Versace
- 布宜诺斯艾利斯的 Design Suites
- 香港的 Grand Hyatt
- 巴黎的 Bel-Ami
- 蒙特利尔的 St. Paul Hotel
- 阿曼马斯喀特的 Chedi Muscat
- 洛杉矶的 Mondrian

这些酒店是旅游者们无可争议的必选,但它们在 2010 年或 2015 年会有多时髦呢?

今天的热点可能明天就是落伍。媒体能让你热起来,同时也能让你冷下去。去问问阿塞尼奥·霍尔(Arsenio Hall)就知道了。

iPhone 是如何热起来的

没人能像史蒂夫·乔布斯那样制造"热",他穿上牛仔裤在台上一站就能吸引媒体的注意。iPhone 的上市最能证明这一点。iPhone 的成功主要依靠口碑,它获得的公关宣传估计价值达到 4 亿美元。

投资银行派杰(Piper Jaffray)的年度团队调研显示,超过 84% 的人听说过 iPhone,25% 的人表示愿意花 500 美元购买。iPhone 只播了一次广告,就是由老一代和新一代的各类电影和电视明星重复说"Hello"说了 30 多遍,只在奥斯卡颁奖会上播放。

这个模仿 iPod 方式的产品能否取得更大的成功还不得而知,但可以肯定的是,它获得的大量媒体报道使它看上去很热。

把你解决的问题公布于众

利用媒体的一个间接方法是诱使他们报道你的产品或你的公司恰好解决的问题。

如果人们认为你的产品确实为解决一个大问题出了力,他们肯定会觉得你的重要性增加了,而且媒体喜欢报道问题胜过报道成功。

丰田的新型混合动力车普锐斯(Prius)的成功是最好的例子。人们购买这种省油的汽车,是要向世界表明他们对环境问题很关注。通用汽车一开始对混合动力这项技术不感兴趣,直到媒体对环境问题的大量报道迫使它推出了类似车型,它变成了一个跟风者。

第 20 章

增长会破坏差异化

DIFFERENTIATE OR DIE

我们认为,"增长"的观念是造成品牌失去独特性的罪魁祸首。渴望不断变得更大,看上去几乎是一种反射动作。我们猜想因为增长是人们得到回报的关键,CEO追求增长以确保自己的任期并获得更多的报酬,华尔街的经纪人追求增长以保证他们的名声并获得更多的报酬。

但增长是必需的吗?经济学家米尔顿·弗里德曼(Milton Friedman)说过:"我们并不迫切地需要增长,我们只是迫切地渴望增长。"

我们认为,当公司追求增长时,会有两方面的负面效应。首先,它们会分心,错失专注于那个差异化概念,抢占它或者把它做得更大、更好的机会。

问题一：分心

前面我们已经提到了硅图公司和它在高性能电脑领域的领导地位，但它没有把资源投入"高性能"的差异化概念从而抢占这个概念，而是在华尔街的压力下扩展了业务范围。在华尔街的分析师看来，高性能电脑只是个利基市场，不能支撑每年增长20%的目标。这让硅图公司进入了个人电脑业务领域，并采用了性能不那么高的微软Windows NT操作系统，而这些动作并不会有多大帮助。

当你是电脑行业的保时捷时，就不要转移到便宜的电脑上去，而是应该让更多顾客对高性能电脑产生需求，主导高性能电脑业务。（毕竟，哪一家有实力的公司会要低性能电脑呢？）

问题二：品牌延伸

另一个负面效应是，企业在追求"无止境的增长"时，会掉入我们所说的品牌延伸陷阱。这是一种典型的超级大品牌思维逻辑：把品牌应用在尽可能多的品类中，无论相关与否。这种看待成功品牌和对如何把它做得更大更好的思维，我们称之为"内部导向"思维。

然而，市场上真正有效的只有"外部导向"思维，即要符合预期顾客的心智。看看以下大公司的遭遇：

- 通用汽车公司曾经有5个很好地实施了差异化的品牌，占据了美国汽车市场50%的份额。这5个品牌为了增长，开始追逐相同的业务，最终变得价格接近、外观相似。如今这5个丧失了差异化的品牌只占有28%的市场份额。
- Nabisco以其斯耐克威尔士牌（SnackWell）魔鬼食物曲奇压倒竞争对手后获得了巨大成功。但它很快增加了新品种曲奇，还增加了蛋糕和饼干，结果没有一个能达到最初的成功。斯耐克威尔士开始走下坡路，有传言说Nabisco考虑放弃这个品牌。
- 麦当劳围绕便宜、快速的汉堡包建立了一项很成功的业务，但接着它就想成为一个更大的餐馆，提供儿童汉堡、成人汉堡、比萨、鸡肉以及其他食品。有一位CEO突然看到了问题所在，让麦当劳回归了传统食品项目。正如他所说的："我们的视线偏离了薯条。"

罗伯特·戈伊苏埃塔（Robert Goizueta）曾经是可口可乐公司的CEO，他说："在房产业，关键是地段、地段、地段。在商业中，关键是差异化、差异化、差异化。"

你越想涵盖更多产品，就越会失去焦点，给你的产品实施差异化也就越困难。

ESPN涵盖一切

ESPN刚出现时是一个出色的概念，它是电视中的新品类。但是，接下来ESPN就开始了疯狂的品牌延伸。

电视台

- ESPN（1979 年至今）
- ESPN ABC 台（2006 年至今，取代了 ABC Sports）
- ESPN 国际台（1989 年至今）
- ESPN2 套（1993 年至今）
- ESPNEWS（1996 年至今）
- ESPN 经典台（1997 年至今）
- ESPNU（2005 年至今）
- ESPN Deportes（2004 年至今）
- ESPN 高清台（2003 年至今）
- ESPN2 套高清台（2005 年至今）
- ESPN Plus（至今）
- ESPN PPV（至今）

互联网

- ESPN Motion（2003 年至今）
- ESPN 360（2005 年至今）
- ESPN.com 网站

广播电台

- ESPN 广播台（1992 年至今）
- ESPN Deportes 广播台

ESPN 成功了吗？我们只能说，是的。

ESPN 2005 年的收入达到 41 亿美元，覆盖 9 700 万美国家庭，在 190 个国家播放，Hoovers（邓白氏咨询公司（Dun &

Bradstreet)下属的一家评估企业的公司)把它称作"体育转播领域的超级明星"。ESPN的所有节目都成功吗？我们不知道，由于ESPN的80%股权属于沃尔特·迪士尼公司（Walt Disney Co.）旗下的美国广播公司（ABC）有线电视网，它不单独发布盈利状况。

ESPN的成功有两个原因：一是没有遇到强大的竞争对手作为替代选择，二是因为它以各种不同形式提供"体育转播"。所以从某种意义上说，它并没有破坏自己在这个领域的领导地位，没有破坏自己的身份。

破坏差异化

企业没有意识到，超出自己最初身份的增长从长远看会带来损害，给品牌的差异化概念带来严重问题。

- 既然米凯罗（Michelob）是第一等的高级啤酒，那它加水冲淡的淡啤能维持更佳口味的认知吗？不可能。
- 既然沃尔沃是坦克造型的安全轿车，它会突然被消费者认为是有传统造型的敞篷跑车吗？不可能。
- 既然耐克是运动鞋和运动服，它会突然被消费者认为是装备制造商吗？不可能。
- 既然拉尔夫·劳伦（Ralph Lauren）的休闲Polo品牌是喜爱青春的大学校园装一族的穿着，它会突然被消费者认为是山地车运动者、跑步者和滑雪者穿着的极限运动装品牌吗？不可能。

首先，当品牌换一个面目出现，呈现出与当初的成名之物不同的东西后，它的差异化就开始慢慢被侵蚀，形象变得模糊。我们在前面说过，顾客心智会失去焦点。

其次，你是在强迫人们的心智改变对你的认识。这绝不是一个好策略，因为人们讨厌改变自己的心智。心理学家会告诉你，改变一个态度意味着一个人必须改变他的信仰。

最后，你的"新东西"也会遇到问题。你的新东西如何实现差异化？它的信任状在哪里？

所以你的最终结局是破坏你的最初形象或差异化，同时新东西也很难卖出去。这样你能成功吗？不可能。

华尔街的反抗

我们必须公正地看待华尔街，虽然它的确在推动增长，但有时候如果它觉得一个公司为了保持增长速度而做过头时，也会站出来叫喊。

当星巴克开始出售咖啡之外的食物时，华尔街没多大反应。但是，当星巴克宣布要聚焦于网络而不是寻找销售更多咖啡的方法时，华尔街确实有所反应。《华尔街日报》报道："投资人从星巴克撤资，股票像是一杯烫手的摩卡咖啡。"[1]

原因是人们越来越担忧，星巴克创办人霍华德·舒尔茨（Howard Schultz）对互联网的着迷可能转移了公司内部对销售咖啡的注意力，他们不能眼看着星巴克变成一个网上大商场，顾客可以从它那里买到从美食到家居用品的一切产品。

一个高级资产分析师这样评论:"纪律是不能什么都做,要看出有吸引力的业务和必须要有的业务之间的差别。他们应该在自己的领域里寻求发展。"

说得棒极了。

更少就是更多

持续聚焦在基本业务上从长远看能产生更大成效,但企业常常没有意识到这一点。

既然沃尔沃生产世界上最安全的汽车,为什么要突然转到跑车领域呢?沃尔沃的更好做法是到世界各地考察,然后进入那些需要安全汽车的市场。你在印度的公路上开过车吗?如果开过,你肯定需要找到最安全的汽车。世界上很多地方的公路也一样,那里到处是不安全驾车的司机,并且警察很少。

那沃尔沃的 SUV 呢?沃尔沃或许可以推出一款在碰撞试验中表现更好、更安全的 SUV,或者是不那么容易翻车的。

从全世界的路况看,我们认为"安全"不是一个遇到发展瓶颈的概念,而是有很长路要走。

通过多品牌增长

请不要以为我们反对企业做得更大和变得更富,美国人就喜欢做大,我们只是反对人们的做法。

这儿有一种更好的方法。

虽然固守一个品牌可以节约营销支出，但是经验告诉我们，多品牌战略可以达到更大的总体市场份额占有率。可口可乐和耐克是单一大品牌，每个都占据了各自市场 30% 的份额。

吉列有 6 个品牌（Trac II、Atra、Sensor、锋速 3、Fusion 和 Good News），拥有 65% 的市场份额。我们把这种多品牌的做法称为"互补法"，因为各个品牌之间互相补充，而不是互相竞争。

这就要求各品牌有不同的名称、不同的定位和不同的目标顾客群。有时候你可以用副品牌达到相同效果，比如宝马的 3 系列、5 系列和 7 系列，它们都是"顶级驾驶机器"，但是它们的价格不同，针对不同的细分市场。

西班牙的多品牌案例

西班牙的国有石油公司私有化后，新成立的雷普索尔（Repsol）公司拥有三个汽油品牌以及全国一半数量的加油站。新公司创建了一个新品牌雷普索尔，另外两个品牌分别是国营时期的知名老品牌坎萨（Campsa）和西班牙北部的区域性品牌波特诺（Petronor）。

雷普索尔公司的情况好比一家美国石油公司拥有了美孚（Mobil）、德士古（Texaco）和美瑞特（Merit）三个大品牌，如果雷普索尔能侥幸成功的话，那就是一桩不错的买卖。

雷普索尔的三个品牌虽有不同名称，但被视为同一个品牌，这好比是在公司内部有一个品牌，在公司外部有三个品牌一样。

为了保护50%的市场份额,雷普索尔决定以特性对这些品牌实施差异化。

聚焦轿车的品牌

由于该公司对新品牌雷普索尔投放了大量的宣传广告,所以大多数西班牙人在"创新和技术"特性上给予了很高的评价。此外,雷普索尔第一个推出了辛烷值98的汽油(甚至美国也没有这种产品)。基于这种情况,雷普索尔品牌的战略适宜聚焦于特别爱护轿车的人群。由于轿车在西班牙很贵,所以这个人群在有车族中的比例很大。

这个战略的理念就是"雷普索尔,爱车的最佳选择"。

当然,要实行这个战略,他们必须聚焦在以轿车为核心的产品和促销上。除了辛烷值98的汽油,我们建议他们为如今的新引擎开发一种新的合成机油。

聚焦服务的品牌

认知调查表明,坎萨品牌一直以来给人的印象很好,从"可靠性"上看,它同其他加油站品牌相比得分特别高(甚至比新品牌雷普索尔高出50%)。

为此,我们建议坎萨利用这些认知,强调它多年来对西班牙摩托车驾驶者的服务,这个战略的理念就是:"坎萨,服务国民60年。"

要实施这个战略,他们就应该继续出版非常受欢迎的《坎萨驾车指南》(*Campsa Driving Guide*),这本书中包括地图、餐馆、酒店等方面的信息。

坎萨已经在一些加油站开设了7-11便利店，我们建议它把店开到所有加油站，同时推出其他新的服务概念，比如美国很多加油站使用的信用卡自助加油泵。

我们了解到，坎萨还赞助了一个赛车活动，我们建议他们停止赞助，把赞助权转交给雷普索尔。

当然，坎萨的广告可以让观众了解它60年的服务历程，提醒人们60年来它的出色表现。

低价品牌

还有一个品牌是属于区域性的，实际上它没有很强的相关认知，所以它在人们的心智中是一张白纸，公司可以赋予它任何新定位。

我们看到波特诺的未来前途可能是低价，这个战略理念就是："波特诺，用同样的钱跑更远的路。"这个品牌的加油站应该设在流量大的地区，只提供自助加油泵，价格低，服务有限，只能用现金结账。

虽然汽油价格在西班牙还不是个问题，但一旦价格战爆发，这个品牌就已做好了准备。有时候品牌必须在今天做变革，这样才能为明天做好准备。

用三个品牌覆盖不同的细分市场，在很大程度上帮助雷普索尔做好了迎战国际石油公司的准备。

西班牙的这家大石油公司就是做出了这样的规划才保持了领导地位。

韩国的灾难

大宇（Daewoo）公司是韩国第二大公司，它在 1999 年 7 月险些没能逃脱厄运，成为韩国倒闭的最大公司。

韩国人开玩笑说，那些大公司的座右铭是"从方便面到卫星"。如果说它们兴趣广泛，那是小看了这个问题。大宇涉足电信、个人电脑、建筑业、证券业、造船业、酒店业、电子、汽车等，有 25 个子公司。

由于韩国政府非常依赖韩国的金融机构为大公司的宏大扩展野心提供资金，这种增长就糟糕透顶。这些组织虽然学会了如何制造产品，但从没搞懂如何销售产品并且盈利。

大宇集团负债 500 亿美元，难怪当它旗下的业务分块出售时，围了一大群想捡便宜的收购者。这个增长过度的集团需要大幅度缩小规模。

第21章

差异化通常需要舍弃

DIFFERENTIATE OR DIE

如我们在第20章中讲过的,欲望太多有可能对自己不利。反过来看,放弃一些东西反而对自己更有益处。

以前有一个公司叫艾米瑞空运公司(Emery AirFreight),它曾是最大的货运公司,它的战略是提供隔夜送达、两天送达、小包裹运输和大包裹运输。(无论你要送什么,它都送。)接着,出现了联邦快递公司,它舍弃了很多业务,只提供小包裹隔夜送达服务,它的差异化就是隔夜送达。

联邦快递的差异化让它获得了成功,而艾米瑞空运公司最后以破产告终。

更多反而更少

如果对品类进行长期研究,就会发现推出更多产品或服务会削弱增长,而不会对增长有所助益。

米勒啤酒公司(Miller)在它的鼎盛时期(大概是1980年)有两个品牌:高品质生活(High Life)和莱特(Lite),销量大约在3 500万桶左右。接着,米勒推出了正宗生啤(Genuine Draft),结果到1990年,它的销量跌到3 200万桶。它并没有感到沮丧,而是在米勒品牌下继续推出更多产品。于是米勒的销量继续下跌,而百威啤酒却变得愈发强大。

在米勒品牌几乎20年不断推出"更多产品"之后,它的母公司菲利普·莫里斯公司最终解雇了米勒的高层管理者。(菲利普·莫里斯怎么过了这么久才采取行动?)

牛仔抽什么烟

菲利普·莫里斯公司应该知道"更多反而导致更少"的问题,因为它早就看到同样的事发生在它的旗舰品牌万宝路身上。

为了保持增长,万宝路推出了万宝路特醇,随后又推出了万宝路中醇、薄荷味万宝路,甚至还有超醇万宝路。突然,万宝路第一次出现了销量下降。

很明显,问题在这里:真正的牛仔不抽薄荷味香烟和超醇香烟。

菲利普·莫里斯公司并不傻,它回到了红白相间包装的老产品上,再也看不到薄荷味万宝路和万宝路中醇了。

根本问题

品牌添加的产品越多,破坏品牌差异化的风险就越大。就像万宝路那样,既然它代表浓郁型口味,当它开始提供其他口味或口味减淡时,浓郁型口味的特性如何站得住脚?

米凯罗曾经是一种非常成功的浓郁型口味的高价啤酒。随后,它推出了米凯罗淡啤和米凯罗干啤,于是这个品牌走上了下坡路。喜力是另一个醇厚口味的高价啤酒,它显然从米勒啤酒的失误中吸取了教训,它的淡啤品牌叫阿姆斯特淡啤(Amstel Light)。阿姆斯特淡啤做得非常好,它有一个出色的差异化概念:"95卡路里,喝起来最有外国味。"

很早以前,有一家名为永备的公司,它的战略是提供各种电池。后来金霸王出现了,它舍弃了很多业务,仅仅提供碱性电池。

金霸王最终成了耐用碱性电池的专家,它是一个成功实施差异化的案例。金霸王不是市场领导品牌,因此不用担心失去什么。我们在前一章提到,增长的需要让领导品牌容易受到攻击,它们不放弃任何东西,而是不断添加新东西。大多数落败的品牌曾经有差异化概念,但后来因为添加更多产品而破坏了差异化。雪佛兰曾经是高价值的家用轿车,现在它是什么?(无人知晓。)

保时捷是什么

当你问这个问题的时候,大多数人脑海中闪过的是著名的911车型的画面,它是后置发动机、风冷、6缸汽车,它是经典。

但是,保时捷没有舍弃,而是决定推出928车型。928是中置发动机、水冷、8缸发动机的汽车,它的价格贵得多。

那么现在保时捷是什么?答案是:前置或后置发动机,风冷或水冷,4缸、6缸或8缸,便宜或昂贵的轿车,或者更准确地说是混乱。结果保时捷的销量迅速下滑,到1993年,3款车型的销售量只有1986年的911车型的1/10。

如今,那些非911车型都停产了,真正的911车型和一个稍便宜的车型的销量正在反弹。

融合产品:新一代的"更多"

融合和舍弃恰好相反,因为融合的意思就是让产品实现更多功能。

对于电脑、通信、消费电子、娱乐和出版业的融合产品的预测,是很难避免的。

但这些预测要收回去。1993年7月18日的《新闻日报》(*Newsday*)预测融合最终会让录像带、录像带租赁店、报纸、电视台、电话接线员、黄页、邮购目录、大学教科书、图书馆卡片目录、BP机、录像机、支票簿和卡带播放机消失。

(我们猜你已经察觉到所有那些被预测会消失的东西仍然存在并且很好,看来预测是错了。)

最近有人预测说电话、电视机和互联网将融合在电视机里,甚至漫画家也行动起来了,我们最喜欢的一幅漫画是一位男士肩上扛着大屏幕的索尼彩电,正用彩电打电话。

你若研究一下历史,就会发现融合没有发生,那些超出本职功能的产品很快就会消失。

融合产品的灾难

1937年出现的变形飞机集成了直升机和飞机的特性,但是从没飞上天。1945年发明的霍尔飞行小汽车和1947年的泰勒空中汽车也没飞上天。

1961年发明的爱姆菲卡(Amphicar)是第一个集船和汽车于一身的结合体,但它失败了。(人们想,他们可以把船靠在码头然后开车回家。)

更近一点儿的融合产品有AT&T的EO个人通信器,它集成了手机、传真、电邮、个人助理和笔输入电脑功能。接着,又出现了日冲商业公司(Okidata)的Doc-it,它集成了桌面打印机、传真机、扫描仪和复印机功能。再后来,出现了个人数字助理(PDA),或是苹果公司的牛顿信息管理器(Newton MessagePad),它集成了传真、寻呼机、年历和笔输入电脑功能。

上述所有产品早已消失,这就是"更多"导致死亡的例子。

融合产品为何行不通

发明多功能产品需要一种不同的舍弃,设计多功能产品迫使设计师为了放入更多功能而放弃一项杰出的单功能设计。

一辆好车能同时是一艘好船吗?当然不能。如果你要真正快的汽车,买一辆法拉利。要是想买一艘快艇,就买一艘Cigarette赛艇。

用于F1赛车的高级轮胎能同时是高级乘用车轮胎吗?当然不能。(赛车轮胎没有胎纹。)

人们要的是品类中最好的产品,而不是兼有多个品类的混合产品。

人们不想为了实现其他功能而放弃产品的重要特性。企业能制造出产品,但是不能保证消费者会购买。

如果你的差异化是,你的产品能实现很多功能但表现一般,而不是只有一项功能但表现突出,那你就没有差异化。

不同种类的舍弃

我们多年的经验表明,在实施差异化的过程中需要三类舍弃:

1. **产品舍弃**。保持聚焦于一种产品,比推出各种产品满足所有人的需求要好得多(除非你采用多品牌战略)。比如金霸王聚焦碱性电池、肯德基聚焦鸡肉、富乐客聚焦运动鞋、白色城堡聚焦小汉堡、斯巴鲁聚焦四轮驱动轿车以及美国西南航空公司聚焦短途飞行。你可以作为某一类产品的专家品牌并因此成为最好的品牌,以此实现差异化。

2. **特性舍弃**。保持聚焦于一种产品特性,比同时讲述多个特性要好得多,前者能让你拥有某项认知上的利益,从而实现差异化。沃尔沃拥有汽车的"安全"特性,佳洁士拥有"防止蛀牙"特性,诺德斯特龙百货店拥有"服务"特性,戴尔拥有"直销"特性。你的产品可能提供一种以上的特性,但你的传播信息应该聚焦于某一个你想占据的特性。

3. **目标市场舍弃**。保持聚焦于品类中的某一个目标细分市场,能让你成为细分市场中最受青睐的产品,从而实现差异化。比如,百事可乐针对年轻一代,克尔维特(Corvette)针对想保持年轻的一代,科罗娜(Corona)啤酒针对事业蒸蒸日上的雅皮士,以及保时捷针对事业有成的雅皮士。

当你追求另一个目标细分市场时,就可能失去原来的顾客群。

无论你做什么,都不能贪心,而是要忠于你的产品类型、特性以及细分市场。

怎样对舍弃有好感

当企业被告知必须舍弃时,它们往往感到焦虑不安,毕竟没人真想放弃什么或被框死在他们认为有局限的市场中。

但是,接着我们会给他们带来好消息。我们通常会这么说:做什么广告、卖什么产品、靠什么赚钱,是完全不同的事情。

让我们看看汉堡王的例子。它的广告应该传播"烤制而非油炸",因为这让它区别于麦当劳。一旦顾客被吸引进店,它可以卖给他们鸡肉、薯条或其他食品,对此没人会在乎。至于赚钱,那得靠卖饮料,而饮料肯定不需要做广告。

你搞明白了吗?在很多情况下,舍弃主要体现在你向市场传播的差异化信息上。一旦你吸引到了预期客户,随便卖给他们什么产品都可以,而如何赚钱又是另一回事。

所以,虽然"舍弃"限制了你向顾客推销自己的方式和信息,但一旦顾客进了门,你卖什么产品给他们实际上不受限制。(事实上,联邦快递也运送非隔夜送达的包裹。)

现在,你是不是对舍弃有点儿好感了呢?

第22章

在不同地方实施差异化

DIFFERENTIATE OR DIE

"走向全球化，年轻人！"这是西奥多·莱维特在1983年发表的影响巨大的文章《市场全球化》(*The Globalization of Markets*)中提出的建议。从此以后，全球化成了国际商业战略的不二主题。

全球化的确是个巧妙概念：你用一个大的差异化概念推动一个全球品牌，在世界各地，从阿克伦（美国）到奥克兰（新西兰），旅行者和当地人都认得你的品牌。你只要一个营销团队，这意味着你将省去很多员工并节约时间；你在全球采用一个品牌名称和设计，这有助于降低生产成本；你在全球各地使用同一批广告片，这意味着降低广告制作成本。（你的广告公司也很开心，因为它们的工作量也减少了。）

事实上，很少有概念被如此滥用和误用。

因地制宜

高尔夫同营销一样也是全球性的竞争活动,但是打高尔夫的人很早就学到了很多营销者忽略的东西:必须因地制宜。

希腊市场营销机构(Hellenic Institute of Marketing)的总裁认为,以通用的信息在全球市场营销标准化产品仍然是"纯理论上的"。虽然一个产品概念可能是全球通用的,但它必须适应不同文化、法律甚至生产能力上的差异,因为各个地方顾客的兴趣和需求是不一样的。

而且我们不能小看当地的竞争。你出现在地球的另一边时,一个当地公司可能早已抢占了你的差异化概念。

芬兰咖啡

芬兰是一个有咖啡饮用习惯的国家,那里就有个例子。芬兰人是全球饮用咖啡最多的人群之一,每人平均消费160升咖啡。

通用食品公司以芬兰为目标市场,推出了它的瑞典咖啡品牌耶瓦利亚(Gevalia),它混合了哥伦比亚、东非和印度尼西亚的咖啡豆。(耶瓦利亚的标签声称自己为"尊贵的瑞典国王和皇廷"提供服务。)然而,这个实力雄厚的公司进入芬兰市场后,遭到了有几十年历史的当地品牌保利希牌(Paulig)咖啡的阻击。

在芬兰，保利希牌咖啡主导了咖啡行业，它产自当地，口味好，并且在社交场合最常饮用。（除了在做好工作后来杯咖啡犒劳自己，咖啡在芬兰的社会意义也是很重要的。）

那么一个具有通用信息的标准化咖啡产品有发展空间吗？在赫尔辛基没有。保利希这个土生土长的品牌已经耕耘了这么多年，拥有超过50%的市场份额。耶瓦利亚在芬兰市场几乎没有任何进展。

通行的东西

生活和营销在某些方面具有通用性。

玉兰油是第一个宣称任何年纪的女人都能漂亮的美容产品，并把这个理念传递给了全世界的女性。

有些公司可以把它们的国家起源和文化传统转变为全球性的标志（只要它们有足够多的预算来煽风点火）。李维斯和迪士尼输出了美国梦想，香奈尔和路易威登代表着法国时尚，阿玛尼代表了意大利风格，巴宝莉体现了经典英国价值观。

然而，对大多数追求"一个地球村"的营销人员而言，事实不支持他们的梦想。

全球先锋发现有限制

雀巢在创办初期就是一家全球性企业。在19世纪60年代，药剂师亨利·内斯特尔（Henri Nestlé）为陷入死亡境地的孩子感到担忧。（那时瑞士的婴儿死亡率比大多数发展中国家目前还要高。）于是他开发了雀巢的最初产品——一种帮助哺育的婴儿米粉。

亨利·内斯特尔有两项重大举措：第一，他很快走上国际化道路，产品推出4个月后即销往5个欧洲国家；第二，他打造自己的品牌，商店的自有品牌早就存在，但他是打造生产商品牌的先驱者之一。

尽管雀巢有力地进行了全球扩张，但多年来它意识到光有全球化的品牌不能获胜。

麦肯锡咨询公司几年前的一项调查表明，雀巢公司不断为不同的比赛派出不同的赛马。雀巢公司有下列赛马：

- 几十个全球品牌，比如 Baci、Buitoni、Carnation、Kit Kat、Maggi、Mighty Dog 和 Perrier（各个国家的独特销售主张都不同）。
- 超过 100 个区域品牌，比如 Alpo、Contadina、Herta、Mackintosh 和 Vittel（这里没有全球化）。
- 超过 700 个本土品牌，比如 Brigadeiro、Solis 和 Texicana（甚至和国际化靠不上边）。

请抓住牛肉

麦当劳的高胆固醇食品来自美国渊源和传统。麦当劳想采用全球一体化思维，但是它被迫进行本地化运营。

看看以下情况：

- 德国是美国之外的第二大市场，麦当劳在此面临不同的挑战。当地的菜单更丰富（东方汉堡），提供更多素食者食品（素食麦乐鸡）。
- 意大利的麦当劳有个意大利风味咖啡柜台，顾客能从那儿买到热饮料。
- 在中国，麦当劳的广告利用孩子向老一辈人解释麦当劳的含义。（没有引入美国传统。）
- 但在澳大利亚，麦当劳在那里的分店密度全球最高，麦当劳用已故的美国明星（如玛丽莲·梦露和詹姆斯·迪恩）强化它来自美国的信任状。

李奥贝纳广告公司在18个国家负责麦当劳品牌的广告事宜，它的国际客户总监说："食品营销是一项要谨慎对待的业务，因为每个人都有对好产品的定义，而这些定义通常是不一样的。麦当劳汉堡的美国身份在拉丁美洲甚至部分亚洲市场可能是被渴望之物，但肯定会激怒欧洲人，并引发他们对美国饮食文化入侵的抱怨。"[1]

这可能解释了麦当劳在英国的电视广告聚焦于食物的质量而不是美国传统的原因。

旅行的啤酒

喜力是一个全球化的啤酒品牌。

这个世界第二大酿酒厂非常注重产品的一致性，它的所有酿酒厂坚持一个配方。为了确保每个地方的啤酒是一样的，每隔14天，它的酿酒厂会送样品到在挪威的专业品酒师那里进行检测。该公司还从远在上海的小店里回购瓶装啤酒进行测试。

员工不允许改动瓶子标签上的任何一行字、减淡包装的颜色或改变瓶型。（你若有一点点的出格，就直接去喜力的地狱吧。）

但是，这个高级啤酒的差异化概念如何呢？让口味标准化是一回事，喜力公司的CEO卡雷尔·弗斯汀（Karel Vuursteen）承认营销标准化是不可能的。

卡雷尔说："我们不相信你可以用相同的方式向不同的文化进行传播推广。在美国和西欧，啤酒是生活的普通组成部分，它是用来解渴的；在澳大利亚和新西兰，啤酒是非常男性化的产品；在很多东南亚国家，啤酒几乎是女性化产品——精致的。因此，我们给予各国的销售代表很多销售和广告上的自由。"[2]

区别对待印度市场

印度是一个适合非标准化营销的国家。

如果你想把产品销往印度，争取到它庞大的中产阶级（2.6亿印度人）中的一部分，小心点，因为印度人还不是很富有，中等家庭的年收入仍然只有833美元。以这个收入水平，一台便宜的电视机和一台便宜的缝纫机是印度家庭有能力购买的最好产品了。印度人确实也买手机,但是为了节约话费,他们记下来电号码然后用普通电话回复,他们平均每月的手机通话不超过 5 分钟。

进入印度市场,你必须让你的产品价格在他们的可承受范围内,你要卖那些售价几分钱的小包装香烟或小包装牙膏。

锐步在印度销售 23 美元一双的跑鞋。肯德基在印度销售低价套餐、本地素食和辛辣食物(结果销售额增长了两倍)。麦当劳在印度卖 Maharajah 汉堡(夹两片羊肉的小馅饼)。GE-Godrej 是一家美国和印度的合资企业,它发现家电在印度是地位的象征,于是它生产放在客厅里的外观不错的冰箱,结果取得了很大的成功。

在印度卖东西,就要按照印度的方式,而不是你的方式。

全球化之路的一些规则

在你决定一个差异化概念可以带你走向全球之前,这儿有一些规则需要牢记。

当前的差异化概念可能是错误的概念。 有时,你回到以前的差异化概念上会做得更好。

由于我们无法理解的原因,可口可乐偏离了"正宗货"定位,而这才是它最强有力的差异化信息,因为只有可口可乐是原创,其他所有可乐都是仿冒品。

但在俄国,人们喜欢发现根源和尊敬正宗货。于是在莫斯科，可口可乐的全国电视广告和海报主题是"喝传奇产品"，这是对正宗货的新诠释。

当你跨越国界时，特性可以改变。我们在前面提到，啤酒的特性可以根据各地传统从男性化变到女性化。

单个品牌的特性也可以改变。在墨西哥，科罗娜品牌是一个低档的便宜啤酒，在墨西哥城的超市花大约2.5美元就能买到6瓶装的。但在美国，科罗娜是与放春假、棕榈树和同酸橙一起饮用相关的高档形象，同样的6瓶装在亚特兰大要卖6美元。让墨西哥人很费解的是，科罗娜现今是美国销量最大的进口啤酒。

再看看酸奶。在美国，人们通常认为酸奶是一个健康食品，这一点让达能感到十分庆幸。然而，在法国，人们认为达能品牌太放纵，太注重享乐。于是达能公司创办了健康机构，一个致力于食品和教育的真正研究机构。

你的市场领导地位可能不能传达。雀巢咖啡是雀巢公司在全球最热销的咖啡品牌。然而在印度，雀巢不得不创建一个叫日出的特别的速溶咖啡品牌，以取悦当地人的味蕾。日出牌咖啡混入了菊苣粉，提供强烈的熟悉香味，它在印度的销量超过雀巢咖啡。

你的传统可能得不到尊重。家乐氏是一个谷类食品的骄傲品牌。但是，家乐氏在印度被泼了冷水，因为印度人早餐喜欢吃热的食物，他们相信热的食物会带给他们能量。（印度人相信食物塑造个性和心情。）传统派不上用场。

你的专长可能变得模糊不清。力士是什么？你在亚洲各国可以看到这个品牌,通常与之相伴的是具有票房号召力的美国性感影星。在印度尼西亚,力士是肥皂;在中国和菲律宾,力士是洗发水;在日本,力士涵盖从肥皂到洗发水的所有产品。

当你的专长根据地理位置的不同而变化时,就很难让世界信服你是专家。

在所有地方用一个概念吗

一家国际设计公司的客户服务总监说:"采用同一套品牌战略让人安心,但它在不同市场会有不同含义。这样做的好处看来主要是企业方面的,它们用规模经济节约成本,它们用更少的人从战略方面考虑品牌。"[3]

但这恰恰就是以一套品牌战略走遍全球时会遇到的问题:各地口味不同,偏好不同,人也不同。

你可以在任何地方实施差异化。

但是,你不能在每个地方使用相同的概念实施差异化。

第23章

保持品牌的差异化

DIFFERENTIATE OR DIE

正如你在前几章中读到的，渴望无止境的增长导致品牌陷入"推出各种产品，满足所有人的需求"的陷阱，这将导致差异化的终结。（我们不想用更多案例来烦你了。）

这里有一些保持品牌差异化的重要指导原则，一些能帮助你避免走入荒野和迷失方向的指导原则。

牢记品牌的差异化

在开创企业和打造品牌的过程中，管理层往往非常关注某项产品或服务的实质或差异化。但随着时间的流逝以及新管理层的上任，那项差异化就会处于危险境地，因为新管理层的自负开始展现，而公司对于既往成功历史的记忆也开始淡化。

无论如何，你必须找到一种方式，让继任的管理层维持对品牌的差异化的理解，不能让他们偏离战略。通用汽车对于旗下品牌的做法就是一个负面案例，为了财务上的原因，它已经让各个品牌变得价格相似，外观也雷同。

那个错误的记忆导致通用汽车的市场份额大幅度下降。

西尔斯公司的故事

西尔斯是一家富有传奇色彩的零售商，它正遭受攻击。沃尔玛、凯马特、塔吉特、家得宝、艾姆斯（Ames）、电器城（Circuit City）等一大批零售商让西尔斯的生计和未来陷入了艰难的境地。

在一个零售店过多的市场环境中，实施差异化至关重要。那么西尔斯该如何实施差异化呢？如果你研究西尔斯的成功原因，你会发现它是第一个也是唯一一个打造大品牌的零售商，比如肯摩尔牌（Kenmore）电器、克拉夫曼牌（Craftsman）工具、长命牌（DieHard）电池、控路人牌（Roadhandler）轮胎以及抗风雨牌（Weatherbeater）油漆。这些都是非常好的品牌，价格公道，有质保，并且只在西尔斯有售。

西尔斯的历史告诉我们，是这些品牌让它与众不同。因此，它的未来有赖于保持这些品牌的强势，并继续像以前那样打造一些新品牌。

记住西尔斯过去的成功原因，是为它实施差异化的关键。

保持对立

克莱斯勒的总裁鲍勃·鲁兹（Bob Lutz）写了一本名为

《魄力》(*Guts*)的书,书中有一章的观点足以让这本书物有所值。这一章的标题是"当别人都这么做时,你就不要这么做"。我们无法把这一观点表述得更好了。实施差异化通常需要"对着干"的思维,你必须有魄力对抗传统思维。

正如我们在前面提到的,当19岁的迈克尔·戴尔创办了自己的小电脑公司时,他知道自己不能和大公司争夺店里的销售空间。然而,当时的行业规则认定电脑只能在店里销售。电脑行业中的所有公司都相信,顾客不会信任一家邮购公司提供电脑这种高端产品。

迈克尔·戴尔打破了这个规则,他把电脑行业的传统思维放在一边,进行直销,很快他就建立了一家销售额超过10亿美元的公司。

大多数组织相信,成功之路就是模仿品类中最成功的成员,于是它们为了拿到竞争对手早已控制在手的业务,开始偏离自己的差异化。比如,百事可乐放弃了自己的"新一代"焦点,转而针对所有人;汉堡王追逐属于麦当劳的儿童群体;凯迪拉克两次尝试向年轻人销售小型凯迪拉克。

这些公司没有意识到"一旦对立,就应该永远对立"。

喷气式发动机行业的对立行动

成为对立的一个最佳方法是重新定义这项业务和开展业务的方式。

受到早期技术问题的困扰,GE90喷气发动机在为波音777

飞机提供动力上处于第三名，远远落后于普惠公司（Pratt & Whitney）和劳斯莱斯公司。所以，当波音公司在开发777飞机的远程型号777X时，通用电气看到了一个重新定义业务的机会。

通用电气的战略共分为两个部分。

第一部分是说服波音公司把飞机和发动机作为一个整体销售。这就突破了传统的做法，过去波音公司把飞机卖给航空公司，航空公司再决定采用何种发动机（通用电气的发动机、普惠公司的发动机或者是劳斯莱斯公司的发动机）。飞机每飞行小时的维护费用相当高，通用电气和航空公司达成协议，对发动机维护费用进行了预先设定，替航空公司承担了维护成本上的风险，如此一来通用电气就成功成为航空公司的选择。

第二部分是通用电气同意承担波音公司开发新机型的一半研发费用，从而替波音公司承担了达到性能保证的部分风险。

这个新方法的回报是，波音公司让通用电气成为它的这款远程飞机的独家发动机供应商。每台发动机的售价大概是1 200万美元，通用电气的这个对立行动能在今后20年内带来200亿美元的收入。

保持一致

一旦你确立了差异化，下一个任务就是在你的所有活动中体现这种差异化。这种一心一意不仅会感染你的顾客，还会影响到你的员工。

一致性有很多种形式，信息的一致性是其中之一。通常出现的情况是，企业制定出一条简洁而有效的差异化信息并且体现在广告中，但公关人员却朝不同的方向前进，促销人员也自行其是，向股东和华尔街汇报的公司事务人员也是一样。

上述每个群体不是宣传同样的差异化概念，而是想要自己的概念，这样工作的功劳就属于自己，而不会属于别人。

能让所有人朝一个方向前进的人只有 CEO，他必须让所有人聚焦在同一个差异化信息上。

棘手的说服工作

我们在前面提过，如果汉堡王要聚焦大孩子，CEO 就必须亲自跑去加盟店，确保它们拆除秋千。CEO 应当告诉产品负责人"不要再提供儿童食物"，告诉促销负责人"不要再和迪士尼搞搭售"，告诉广告负责人和广告公司"我们是成年人的去处，而麦当劳是儿童的乐园。今后我们所有的广告信息都要推动这个概念"。

最后，他还必须有魄力到华尔街、董事会和股东那里，解释汉堡王放弃儿童和家庭细分市场的原因。（这些都是非常棘手的工作，我们多年前就向汉堡王提出了这个战略，而它一直没有实施，很可能就是这个原因。）

运营上的一致性

我们在前面的章节中提到过富国银行，它利用传统以快速服务作为自己的差异化,它的概念是:"过去快,现在也快。"

但是,要占据"快速服务"的差异化,富国银行除了实行一致的整合传播方案外,还需要做更多配套工作。它的员工必须努力工作,形成快速反应的服务体制。

它还需要设立一个强有力的内部培训项目,让员工能更敏锐地对客户需求做出反应。既然承诺"快",就要兑现这个承诺。顾客很快就能察觉到任何不一致的地方。

多年前,当阿维斯宣称自己"更努力"时,它的员工必须将那种努力展现出来。

当联合航空公司开始提出"友好的天空"时,它的员工必须保持脸上的微笑,无论乘客有多生气。(这个概念最后被放弃了,我们猜原因是当飞机延误数小时后要保持友好是不可能的。)

保持运营上的一致性也掌握在CEO手中,他必须是这种一致性努力中的拉拉队队长。

航空业中最友好、最充满趣味的天空属于美国西南航空公司,是CEO赫布·凯莱赫让它做到了这一点。如果你在飞机上遇到赫布,他一定会是机上人员中最风趣的一个。

保持关联

有时候你不得不改变自己的定位。当市场发生剧变后,你要么找到新的差异化概念,要么灭亡。微软推出Windows系统下的Excel后,接手了莲花公司的电子制表软件业务,莲花公司依靠寻找新的差异化概念才得以幸存下来。

然而，上述情况通常是个特例，不是常态。在更多的情况下，你要付出持续的努力，维持你的差异化概念，甚至要改进它。随市场改变而改变是一回事，为了改变而改变则是另一回事，当企业追求无止境的增长时就会发生后一种情况。

当企业纯粹为了拉动销售而不断推出产品的各种变种时，只会弄乱自己的货架，并把主动权拱手让给拥有货架空间的零售商。（想想超市里的感冒药货架，产品种类如此之多，让你甚至无法找到你要的药。）

当企业纯粹为了获得更大的销售数字而不断进行品牌延伸时，只会混淆品牌在顾客心智中的认知，把机会拱手让给很好实施了差异化的专家品牌。啤酒产品中有普通啤酒、淡啤、生啤、干啤以及冰啤，难怪近几年里只有微型酿酒厂这块细分市场有所增长。

进化你的差异化

佳洁士牙膏多年来一直是宝洁公司的主打品牌之一，它占据"防蛀"特性已超过30年。

但由于水中含有氟成分，人均蛀牙数从20世纪60年代早期的15颗降到了20世纪90年代早期的3颗。结果，防蛀的特性失去了威力，而控制牙垢和预防牙龈炎症成为更为重要的特性。

佳洁士应当采取的正确做法是我们所称的"进化你的差异

化",也就是扩展它的差异化,但必须和它的历史保持关联。佳洁士的行动显而易见,它本该把自己重新定位成"牙齿护理先锋",并推出一种能防止蛀牙、控制牙垢和预防牙龈炎的新牙膏。

不幸的是,高露洁就是这么做的,它推出了全效牙膏。结果在30多年后,高露洁出其不意地回到了牙膏第一的位置。(现在,佳洁士正以保健新牙膏卷土重来。)

不要坐着不动

上述案例说明市场是在变化的,你的差异化往往需要一些调整。

玩具反斗城开创了一种独特模式:把每一种芭比娃娃、每一种风火轮赛车(Hot Wheels)以及可以想到的玩具全部聚集在一个大商店里。它把紧随其后的竞争对手挤上了破产的道路,并且很好地控制了局面。

接下来发生了什么呢?《财富》杂志中有如下描述:

> 但是,接着世界改变了。现在玩具反斗城面临更难对付的竞争对手:沃尔玛和网上商店。沃尔玛也卖宠物小精灵(Pokémon)、毛毛B(Furby)、芭比娃娃和风火轮赛车,玩具反斗城的大多数玩具它都有,但价格更低。一位在玩具反斗城的走道里逛得满头雾水的妈妈苦恼地告诉我:"我通常不来这儿。我去沃尔玛时就随便买点儿玩具。"而且,你在沃尔玛找不到的玩具,很可能在 eToys 或亚马逊网站上买到。[1]

不幸的是，玩具反斗城仍然沉迷在它的光辉岁月里，固守着它的旧模式不放，没有进化它的差异化。

现在沃尔玛的玩具销量超过了玩具反斗城，玩具反斗城或许可以考虑更名为《财富》杂志所建议的名字：玩具"曾经是"我们的。⊖

一个爱尔兰的传奇故事

沃特福德（Waterford）水晶是水晶品类中最知名、认知度很高的品牌之一。

然而，它的定价趋势有可能把品牌推入超高档品类：非常漂亮但价格昂贵。它的一个杯子价格在40～50美元之间，破损的可能性成了销售的强大阻力。市场上有很多便宜些的水晶产品可供消费者选择（和摔破）。

沃特福德难道不应该采取行动吗？或者有解决这个定价问题的方法吗？我们的建议是"进化这个品牌"，战略就是为不小心碰碎的沃特福德餐具推出一项"终生替换计划"，即顾客只需出标价的一半价钱就可以旧换新。

计划是简单的，即为每套餐具的购买设定一个编号，当杯子被打碎后，这个编号连同"Waterford"标志被送回工厂，替换过的杯子直接送到顾客手中。这项计划是可行的，因为它避开了零售商环节，按这个方法，"一半标价"可能会产生少量

⊖ Toys "R" Us 变为 Toy "were" Us，将店名中间的字母换成一个单词。——译者注

的利润或者能打平。

把这个"进化"概念表达出来,就是把沃特福德定位成"一项终身投资"。

沃特福德这么做了吗?没有。它推出了一个便宜的"沃特福德出品"(By Waterford)的延伸品牌。

沃特福德以及玩具反斗城的案例中蕴涵的启示就是:进化所需的变革不总是能让人舒心接受的。

进化并非修修补补

进化品牌和对品牌进行修修补补两者之间有很大差别。进化通常是为了应对竞争对手的某项行动,或者应对市场的某项重大变化。

修修补补通常包括做一些修饰性的改变,或为了抓住趋势而进行愚蠢的品牌延伸,挤满营销人员的办公室正是借此避免无聊。看看以下场景。

普莱尔牌(Prell)洗发水的某个人说:"嘿,为何不给我们的绿色普莱尔产品线增加一个蓝色普莱尔产品线呢?"这种做法当然忽视了消费者的认知:如果它不是绿的,就不是普莱尔。正是绿色让普莱尔变得与众不同。

坏主意。

百事可乐品牌的某个人说:"嘿,我们为何不利用新世纪的清纯风尚,推出一个透明百事可乐?我们将把它命名为'水晶百事'。"这种做法当然忽视了消费者的认知:如果它不是棕色的，它尝起来就不像可乐；而且，百事可乐不是味道最好的可乐吗？

坏主意。

麦当劳品牌的某个人说："嘿，让我们利用比萨的趋势推出麦当劳比萨！"这种做法当然忽视了消费者的认知：他们认为做汉堡的人对如何做比萨不可能在行。而麦当劳不是做了数十亿的汉堡吗？

坏主意。

安海斯－布希（Anheuser-Busch）[一]的某个人说："嘿，我们为何不在产品线中增加干啤和冰啤呢？"这种做法当然忽视了消费者的认知：他们认为啤酒通常是湿的且不放冰。而且，这不是和它的美妙传统相冲突吗？他们的祖父会这么做吗？

坏主意。

差异化必须符合顾客心智中的认知，而不能违背。企业内部人士认为的"改进"只会在预期顾客的心智中制造混乱。

这些做法会破坏你的差异化。

[一] 世界上最大的啤酒厂商之一，旗下有百威品牌。——译者注

第 24 章

在热点话题的新世界中实施差异化

DIFFERENTIATE OR DIE

突然之间,所有人都在谈论口碑营销。当你发现现在已经有一个口碑营销协会(WOMMA)后,你可以看出事态有些失控了。全球涌现出许多关于这个主题的研讨会,最近的一次研讨会有超过400名与会者参加。

这些并非全部。我们有很多新词要学,口碑营销如今变成了热点话题,营销、病毒营销、社区营销、草根营销、布道者营销、产品播种、影响人物营销、公益营销、话题创造、品牌博客以及联署计划,这些是好的称呼。还有不太好的称呼,如秘密营销、找托渗透、垃圾留言、涂鸦和伪造。

如果你和我们一样,就很可能混淆这些称呼,所以让我们来好好审视一下吧。

口碑营销并不那么新

首先,口碑营销并不那么新,跟口碑营销协会宣称的"新一代的大想法"相差甚远。让第三方给你的产品提供证言一直以来都颇有成效,它让你的产品更容易获得消费者的信任。我们通常的做法是为产品找到"早期使用者"。我们设想这些人是大嘴巴,他们喜欢把自己的这个新玩意介绍给朋友和邻居。

与以往不同的是,现在人们有了更多的沟通方式。我们现在不仅仅是口头传播,还有了数码传播,网上聊天远远超过了在院子里的聊天,只是我们并不了解正在和你聊的另一方。问题在于,沟通是如此的容易,以致噪声大到阻塞人们心智的程度。

这是好的一面。

坏消息

有多少人真的愿意讨论产品呢?你真想谈论你使用的牙膏和卫生纸吗?甚至拥有代表身份的产品的人,比如一辆豪华车,也不想谈论这些产品。你真正想要的就是让别人看到你在开豪华轿车。如果是哈雷摩托车,你当然愿意谈论它,但那是因为你是哈雷俱乐部的成员,成员们就喜欢谈论这些,但不需要制造出热点话题。

记忆里制造出最多热点话题和获得最多公关报道的产品莫

过于赛格威(Segway)陀螺踏板车。问题是大部分的热点话题是负面的,"看上去搞笑或在人行道上很危险"可不是你想听到的话。如果你的产品不对路,热点话题会毁了你。

重金打造的电影《金刚》因为获得了大量负面口碑,如"太长、太吵、过头",成了一个败笔。奥普拉·温弗瑞(Oprah Winfrey)的脱口秀节目上免费赠送的庞蒂克G6轿车虽然获得了大量热点话题,但却在实际销售中熄火。人们想免费得到一辆,而不想花钱买它。你必须要有一个人们想正面谈论的产品或服务,但这样的产品或服务不多。

真正的坏消息

你根本无法控制口碑。你想放弃控制权,让消费者接管传播计划吗?不可能。消费者可不会因为卖了多少产品而获得报酬。既然我花了那么多精力为我的产品制定了一个差异化战略,我想让这条差异化信息传播到位。热点话题会提及你的品牌,但你不要指望过多。没有很多嘴能像激烈的电视广告那样,让你的产品盖过竞争对手的产品。这些嘴在开口前也不会事先和你确定要说什么。

我们对于"口碑营销"的理解是这样的,它不是新一代的什么大想法,而是新增的一种工具而已。如果你有办法让你的顾客或预期顾客谈论你的战略或差异化,那很棒,这会有所帮助,但是你必须在其他方面也很努力,例如广告。你可不能像买广告那样买到顾客的嘴,而且这些嘴巴一旦有了其他可谈的东西,就会突然之间不再谈论你的产品。

然而,我猜让口碑营销协会真正感到不安的是哥伦比亚大学的一位名叫邓肯·沃茨(Duncan Watts)的心理学教授。他运用数学模型,发现这些"影响人物"并不是那么有效,除了对直接的邻居之外,几乎没有影响力。如果你想通过一大群人创造一股洪流的话,这可不是什么好消息。所以,口碑营销并不像宣传的那样有感染力。

令人深思的访谈

我们偶然读到《华尔街日报》对一家广告公司所做的有关口碑营销这个营销战术的访谈。帝亚吉欧公司(Diageo)的斯米诺(Smirnoff)品牌想为它的一种冰茶麦芽饮料新产品制造热点话题,该报问的都是关于此事的问题。以下是一些问题、回答以及我们对广告公司回答的点评。

提问:为何这条广告只在网上播?

回答:客户对此投入的资金不多。

点评:帝亚吉欧是一个资金充沛的公司,如果斯米诺冰茶是一个大创意,为何不投入足够的资金用恰当的方式推广呢?《22条商规》的第22条商规是资源法则:缺乏恰当的资源,即便最好的概念也无法起飞。看来帝亚吉欧公司违背了这条法则。

提问:我第一次看到视频后,不知道它是斯米诺冰茶的广告。为何要隐藏品牌和产品呢?

回答:我们不能依照广告的原则行事,因为如果人们太多看到产品,就会抵制它。

点评:这是个大麻烦。推出新产品时如果几乎看不到产品,那么产品很容易被忽略,就不会有成果。

提问:那么如果你们不提及品牌,人们会以为那不是广告?

回答:只有那样,它才让人感觉不是广告。人们把它看成乐趣。

点评:你是在为人们提供娱乐,还是要销售产品?如果不提供购买理由,不会有很多人购买你的产品,除了那些好奇心重的人。

提问:对于不出现斯米诺品牌,客户是怎么想的?

回答:他们认可这种做法,他们能理解广告不再是向顾客灌输信息,而是要让顾客参与进来,所以你必须提供更多的娱乐性。品牌不再是广告主,它们是顾客参与和融入的东西。

点评:这些话回答了我们之前的问题。这家广告公司把自己视为在从事娱乐业,而不是销售业,那好比是好莱坞来到了广告界。如果确实如此的话,我们只能加上一句爱德华·莫罗(Edward Murrow)㊀的著名说辞:"晚安,祝你好运!"

㊀ 20世纪中后期美国广受爱戴的新闻记者,后来成为世界电视史上的泰斗级人物。——译者注

热点话题不过是工具之一

你要认识到,所有这些抵达消费者的新方法不过是新工具而已,这很重要。你还是需要正确的产品、正确的战略以及针对竞争对手的正确的差异化概念。

看看《航班蛇患》(*Snakes on a Plane*)电影的上映,它自夸在网上进行了猛烈的营销。当电影业在其他形式的娱乐活动的冲击下努力坚守自己的市场时,这部电影设计的战略是让年轻的粉丝参与进来,促使他们走进电影院。

结果是因为有了大范围的热点话题而预期很高,但实际票房不佳。有些专家说,最有娱乐性的体验部分是在网上谈论这部电影,而不是去电影院观看。

我们的观点是什么呢?有多少人想看一部飞机上的有关蛇的电影?只有那些喜欢看恐怖电影的人才会喜欢那种题材。对主流观众而言,无论该电影获得多大的热点话题,糟糕的故事情节仍旧无法改变。

通用汽车的庞蒂克正把钱投在网上,推广 G5 双门跑车新车型。该公司承认这种战略必定不会像传统媒体那样制造太高关注度,但是它能抵达年轻男性这个目标群体。

抵达目标群体是一回事,把车卖给他们是另一回事,看它究竟如何起作用将是一件有趣的事情。利用互联网和客户保持联系,这是合理的想法。互联网同传统媒体并用,这也是合理的想法。我们认为,全靠互联网推广新产品超出它的能力范围。

喜欢发表意见的年轻人会这样说:"兄弟,这种做法太激进了。"

一些真实的调研

对于热点话题和这个新玩意的吹捧是如此之多,在这种情况下,保持了解消费者从哪里获取娱乐是很重要的事情。《广告时代》杂志上的一篇文章提供了真实数据。

- 从电视上 尼尔森媒介研究公司(Nielsen Media Research)的战略评估项目组总经理杰克·奥肯(Jack Oken)表示,大约93%的观众青睐这种传统方法——坐在沙发上看电视。
- 从iPod上 奥肯先生说,尼尔森调查显示,平均每个消费者每天花45分钟在这个设备上听音乐,但只花三四分钟看视频。这些视频主要是朋友间传的东西,而不是专业级戏剧或喜剧。
- 从网上 整合媒体评估公司(IMMI)的高级研究副总裁阿曼达·威尔士(Amanda Welsh)说,很多观众把互联网作为"补充点心",或者在上面重看某个节目的某个部分。对于很多观众,网络"更多是后备",观众用网络"填补漏看或想重看的节目"。网络不一定是推出重要新广告的最好环境。
- 从手机上 把赌注放在手机上,从短期看是冒险。奥肯先生说:"很多营销人员花了钱,寄望中大奖,但没人知道这个大奖是否能大到换回他们投入的费用。"

这个故事的精神就是要稳步前进。事物会逐渐发生变化，但十分缓慢。

顶级案例

如何在这个大胆的新数码世界中行动，宝马汽车是此方面的模范。我们在前面提到，宝马抢占了"驾驶"（顶级驾驶机器）特性，清晰地建立了自己的差异化。它一直坚持这个差异化，30多年来从未改变。

随后，宝马设计了一次超乎完美的产品安插，在一部007电影中把詹姆斯·邦德（James Bond）的座驾由阿斯顿·马丁（Aston Martin）替换成了宝马Z3。虽然邦德对车的粗暴是臭名昭著的，但毕竟他是一位顶级车手。宝马Z3只在屏幕上出现了90秒，但却起到了巨大的交叉促销作用，客户的预订数比宝马的预期翻了一番。

接着，宝马在网上推出了好莱坞制作的驾驶花絮。他们聘请克里夫·欧文斯（Clive Owens）出现在五个不同片段中，扮演一位专业车手来帮助某人脱离险境。"车手"成了宝马驾驶性能的顶级化身。仅仅9个月后，宝马的电影网站就吸引了213万人的1 000万次观看。调研显示，其中超过一半是宝马的车主或者是"打算买奢侈品的人"。

人们会说没人比邦德做得更好，你也可以说没人比宝马汽车做得更好。

第25章 所有东西都能实施差异化

DIFFERENTIATE OR DIE

哈佛大学的著名教授西奥多·莱维特曾经在书中写道："你可以为任何东西实施差异化，甚至是货品。"这绝对正确。为了证明他的观点，我们想要介绍做过的三个非商业项目，其中有几个在我们写第1版时还未发生。这三个案例分别是毒品的反营销、重塑美国的全球形象以及为民主党针对共和党实施差异化。

首先，让我们从毒品的反营销案例开始。降低美国的毒品使用量是历史上耗时最长但最不成功的营销方案。很多年前，有人请我们提供更好的方法，因为以前播的"对毒品说不"的广告看起来没有多大效果。

有数百万美国人想要吸食毒品，而我们再三指出：试图改变人们的心智是极为困难的。

那如何才能减少人们对毒品的需求呢？诀窍就在于想办法

把一个非常负面的概念同吸毒挂上钩。也就是说，我们需要一个为毒品重新定位的战略。

假设你是一个营销人员，你刚刚接到总统的电话，要你负责由政府资助的一项新宣传计划，以取代当前一团糟的计划，因为这些计划在减少毒品需求上收效甚微。

显然，如果要取得进展就要进行改革，而进展是迫切需要的。经过多年的努力和在执法上耗费数十亿美元之后，看起来似乎只有一个长远的方法能减少毒品在美国的使用和销售，即必须想办法减少毒品需求。

减少毒品的供应只会提高毒品的价格和获利潜力，让毒贩子更愿意铤而走险。由于毒品的成本很低而回报又很高，所以经验表明，似乎除了将毒品合法化之外，没有有效的方法能使非法的毒贩子失业。因为你每关掉一家毒品店，就会有两家新店开张。所以到底要使用怎样的战略呢？

研究趋势

让我们先快速扫描一下滥用物质的趋势。就像所有的问题一样，你不能总把注意力放在手头的产品上，而要设法获得对整个品类的感受。我们把它称为了解市场环境。

这里，吸烟为寻找吸毒问题的答案提供了重要的比较。和毒品一样，香烟也是将一种外部物质输入人体。吸烟容易上瘾，而且人们普遍承认吸烟有害健康。据报道，在1990年前后因吸烟致死的美国人是因吸毒致死的人数的50倍。

香烟和毒品之间的主要区别在于，香烟是合法的，同时也是政府财政收入的重要来源。结果，纵然几乎每个人都知道吸烟有害健康，但香烟的消费量即使有所下降也没有急剧下降。（如今，因吸烟致死的美国人仅为因吸毒致死的人数的45倍。）

看来宣传吸烟有害健康的教育方式未能战胜烟草公司在其广告中所承诺的对个人形象的提升。取缔大众传媒的香烟广告破坏了烟草业推出新品牌的能力，但烟草业仍可借助其他可利用的媒体广泛地传播广告信息。

基于香烟方面的教训，你可能会推测，如果毒品继续被当作一种"时髦"的话，那么"吸毒有害健康"的教育方式可能就不是一个能大幅减少毒品需求的好战术。同样我们可以说，广告业耗资数亿美元以各种不同方式说明"××有害健康"的宣传在很大程度上效果也是一样的。

转移战场

香烟方面的经验向人们表明，传统的"自上而下"的宣传方式，即告诉人们什么东西对他们有害，极少起作用。现在是转移战场的时候了。

看来，对产品消费影响更多的是其社会信息。（比如，第二次世界大战前，在好莱坞电影中明星个个都吸烟，而如今的电影里很少有明星吸烟了。）

这一洞察提供了一个机会。一方面，与香烟制造商不同，制毒贩毒的人是不能使用广告来为他们的毒品树立一种时髦形象的；另一方面，政府可以利用广告让吸毒变得越来越不时髦。如果美国人保持一贯作风的话，那这种让吸毒不时髦的做法就能大幅减少毒品需求。当一个产品在美国"过时了"，那它就没了销路。现在说说你的重要决策：你能利用何种概念让毒品过时？

当你研究当前形势时，一个显而易见的重新定位的战略就会跳出来。吸毒是一条单行道，这一点已被广泛地证明了。大剂量吸毒的人面临失去工作、失去朋友、失去家庭、失去尊严和失去自由的风险，最终将失去生命。

这引出了一个简单的文字游戏，这种游戏是一把刺向毒贩的双刃剑，它指出毒品对人们的危害，同时也向人们展示了吸毒者的社会形象或负面特性。

这个差异化概念就是：毒品是为失败者准备的。

美国人不喜欢失败者

如果能建立起"毒品是为失败者准备的"的认知，毒品需求将受到致命的打击。如果要问美国人鄙视什么，答案是他们鄙视那些失败者。美国人可以接受在竞争中落后的人，但他们最为钦佩且人人都立志成为的是胜利者。

现在，是时候把你的重新定位概念转变成全国战略了，但你要想清楚由谁来传递这一信息。天然的选择是，让那些以前的吸毒者或他们的家属讲述那些伤感而触目惊心的故事。传播媒介自然是电视，因为电视对个人有情感上的冲击力。

可以邀请那些曾经被曝光有吸毒问题的知名人士和体育明星参与到这个活动中来。比如,可以请前棒球明星丹尼·麦克莱恩(Denny McLain)谈谈他是如何被送进监狱和失去自由的,或者可以请约翰·贝鲁西(John Belushi)的遗孀谈谈她的丈夫是怎样因吸毒失去生命的。

在每个广告末尾,接受采访的对象都将对着镜头说:"毒品是为失败者准备的。"随着越来越多的知名或不知名人士传递这样的信息,美国人将开始看清毒品只会让人堕落而不会让人的地位上升。

一旦出现这种情况,毒品的需求量将开始下滑,而且毒品生意的利润也会大幅度降低,这必定会使有组织的犯罪团伙对毒品生意的风险回报率谨慎思考。

重塑美国的形象

在如今这样一个超级竞争的世界,国家成了旅游和商业上的重要品牌,而我们无须多次出国旅游便能感觉到"美国"这一品牌陷入了麻烦。

如果你对数字感兴趣,那么皮尤研究公司(Pew Research)已经为你准备好了所有数据。基本信息是这样的:几乎在世界各地,美国的形象都在大幅下降。在这个全球化经济驱动的世界里,这可不是什么好事。无论你是波音飞机、苹果电脑、通用电气还是福特汽车,当人们讨厌你所来自的国家时,你就麻烦了。而这给了你在全球领域的竞争对手一个情感上的优势。

来自国务院的电话

没有谁比美国国务院这一美国品牌的推销员更重视这件事了。

就在伊拉克战争前,国务院的人邀请我们为其制定一套营销计划,以帮助外交官员更好地把美国及其产品推销给国际社会。很明显,这件事势在必行。而当时唯一和美国关联在一起的差异化概念就是:世界上最后一个超级大国。这个概念实在太糟糕了,它把美国描绘成一个在世界上恃强凌弱的国家,而美国政府的一些说辞和政策又加深了人们对这一概念的认知。

以利益为差异化

要想出一个更好的营销概念很容易。美国的传播计划应该着眼于给国际社会更多利益,而不是威胁。我给出的战略就是让乔治·布什总统向世界宣布,美国正从关注自身转向一个全新的关注全球视野,也就是"帮助世界变得更安全、更自由、更繁荣"。这是每个人都想要的东西,而美国也可以帮助提供这些利益。至于为什么这种方法会有效,下面的观点虽然简单却很明智。《纽约时报》的专栏作家托马斯·弗里德曼(Thomas Friedman)曾写道:"如果你向人们传达的信息是你想让他们成功,那他们会接受批评。但如果你传达的信息是你藐视他们,那他们绝不会听你的。"占据这些特性会让美国真的不同以往。

支持政策

我们甚至向外交官员们展示了如何运用这一战略帮助他们推销政策。美国提出的解决巴以冲突的"中东和平路线图"是为了世界安全，美国重建阿富汗并支持土耳其加入欧盟是为了世界繁荣，美国支持伊朗年轻人和中东的妇女权利是为了世界自由。每一项值得长期奉行的基本政策都能得到这一总体概念的支持。

有趣的是，国务院的许多计划已经朝着这个方向做了。举例来说，安全方面，美国的公共外交部向南非派出了解决冲突的专家，让他们同当地人一起工作，并给予当地人应对暴乱的技能培训。在繁荣方面，一个不完善的法律系统会吓跑投资人，于是美国公共外交部协助智利促进该国的司法改革和法律系统透明化，而智利也成为南美经济最繁荣的国家之一。

有人可能会对我们的战略提出异议，为什么美国要解决世界问题？为什么要把世界建造得更好？原因很明显，从商业的角度上看，更加有序的世界可以减少美国在安全和防御上的大量开支，同时也可以通过贸易增加美国的收入，提高就业率。换句话说，这有利于全球商业，而这对美国也有利。

关键人物要在场

不幸的是，正如我们对美国国务院的提醒，要让战略付诸实施，关键人物必须在场。你需要从 CEO 开始的所有高层人物。而那时，美国的最高管理者正忙于伊拉克战争，无暇顾及改善美国的形象。

高层人物的位置让他们能提升美国在公共外交上的努力和投入。近些年，美国公共外交功能下滑得很厉害。俄罗斯外交部前部长有一个十分重要的观点："美国就像一家决定不设公关部的大公司，每家公司都需要公关，甚至垄断企业也需要。"

我唯一的担心就是美国公共外交部那些人是否会推销正确的东西。"民主"这个词听上去很美妙，但并非人人都想要民主。人们真正想要的是好的民主环境所带来的利益——安全、自由和繁荣，而在这三个利益当中，我打赌繁荣是最受欢迎的一个。繁荣是一个好选择，因为它是战胜恐怖主义的最有力武器。

为民主党实施差异化

最后一个关于任何东西都能实施差异化的案例始于南希·佩洛西（Nancy Pelosi）打来的电话，她有兴趣为民主党制定一个能用在2006年选举中的战略。考虑到共和党的无能治理对美国民众的影响，我们接受了任务。

你在第9章中已经读过差异化有四个步骤，我们会在民主党案例中仔细遵循这些步骤。第一步是在行业环境中具有合理性，研究竞争对手，在他们身上找到可攻击的弱点。共和党的弱点不难找到，因为他们正在大力推动它的支持者（富人、白人和保守派基督徒）。共和党过去是以自认为正确的角度治理美国，而没有做正确的事，因此美国人可以谴责共和党为了迎合一小撮拥护其意识形态的选民不惜牺牲广大美国民众。

第二步是要寻找一个差异化概念。民主党若打击共和党战略中的弱点——为自己的右翼利益而治理国家，就有机会抓住中间派。正如多方投稿的专栏作家迪昂尼（E. J. Dionne Jr.）写的："如果现在反对党可以在政治上和共和党画一条线以示区别的话，那就是政府应该保护少数人的利益还是多数人的利益。"我们为民主党制定的战略的好处在于，在民主国家，没有人想被忽视。民众期望政府把自己的需要和渴望考虑在内，他们不想看到政府被特殊利益群体收买。

第三步是拥有信任状，或者证明你的差异化。民主党很久以来就是一个包容性的政党，它提出的社会保障制度、人权、平权措施，都是为了所有美国人，而不是为了少数美国人。最显著的证明是，多年前，当民主党决定同时为黑人和白人治理美国时，原本民主党占优的南方地区变成了共和党占优。

第四步是传播你的差异化。民主党必须通过各种传播形式让战略落到实处。也就是说，要清晰地告诉美国民众，有利于所有美国人的好的国家治理方式在原则和法律上意味着什么。

结果怎么样

南希·佩洛西尽可能以可行的方式在民主党的各项努力中实施了我们这个战略的大部分。当然，最终独立选民与在民主党和共和党之间摇摆不定的选民站了起来，支持民主党控制了参议院和众议院。民意调查表明，在经历了共和党的种种无能治理后，美国公众准备聆听这条更好的有关国家治理的信息。

今后该怎么办？同营销一样，秘诀就是执行战略。在华盛顿，这绝不是项容易的任务，因为那里就像是在管理一群调皮的猫。正如 IBM 的郭士纳曾经说过的："战略就是执行。"本书的最后一章就要谈论谁来执行战略。

第 26 章
谁来负责差异化

企业必须由一把手亲自负责，确保差异化战略的制定、传播和保持。也就是说，CEO必须参与其中。

然而，大多数情况下，企业的一把手会想当然地认为自己有了正确的战略，以为所有那些有经验的营销人员和广告公司已经制定了战略，于是他们回去处理同董事会之间的问题，或者确保明年的财务数字更好看。

于是问题就产生了。

CEO为什么会失败

《财富》杂志让一些管理界的专家撰文分析该杂志社所称的失败的CEO。这些专家对失败的CEO的定义是，"被逼迫，眼看着自己的公司被收购，或者因带领公司走入歧途而离职"的CEO。[1]

在文章的分析中，作者甚至没有把"糟糕的战略"列为"CEO极度无效的六个习惯"之一。而事实上，文章接着说大多数的问题是由执行不力导致的，而不是战略思路上的愚蠢错误。《财富》杂志认为，如果你把正确的人放在正确的岗位上，一切都会顺利。

我们对此观点表示怀疑。从他们所列出的有关CEO的失败的案例中，我们看到更多的是糟糕的战略，而不是糟糕的执行。以下是例子：

- 罗伯特·艾伦（Robert Allen，AT&T，1988～1997年在任） 一位从没有利用AT&T的领导地位优势的CEO，这可是它最有力的差异化。反而，他多次试图让公司进入计算机领域。努力是徒劳的，代价是巨大的。糟糕的战略。
- 约瑟夫·安东尼尼（Joseph Antonini，凯马特，1987～1995年在任） 他试图与沃尔玛在价格上进行竞争，然后以失败告终。如果没有结构上的成本优势，要与沃尔玛那样的一个组织进行价格战是很艰难的。他需要价格之外的战略吸引人们来凯马特，但他什么都没有。
- 阿尔·邓拉普（Al Dunlap，Sunbeam，1996～1998年在任） 从阿尔总裁的表现来看，就算把差异化概念放在他面前，他也辨别不出来。他所知道的就是如何完成他的书、降低成本和试图取悦华尔街，而所有的这些都是作秀而不是战略。
- 卡尔·哈恩（Carl Hahn，大众汽车，1982～1992年在

任）哈恩眼睁睁地看着大众汽车在美国市场的份额直线下降，然而，此时他却正努力向需要小型、经济、可靠的甲壳虫汽车的市场销售快的、大的、昂贵的大众汽车——小型、经济、可靠才是大众汽车在人们心智中拥有的特性。他固执己见地奉行一个失败的战略。

- 阿诺德·兰博（Arnold Langbo，家乐氏，1992～1999年在任）太多品牌，太多业务，如百吉饼和冷冻千层面，价格虚高，没有解释是什么让家乐氏成为最好的谷类食品。毫无战略。

- 罗伯特·帕尔默（Robert Palmer，数字设备公司，1992～1998年在任）帕尔默没能执行"以64位元成为新一代产品"的差异化战略，它是数字设备公司生存的唯一希望。缺乏新一代产品的战略是数字设备公司不再存在的原因。

- 迈克尔·昆兰（Michael Quinlan，麦当劳，1987～1998年在任）昆兰陷入了"推出各种产品满足所有人的需求"的困境，未能最大限度地利用麦当劳在汉堡上的领导地位。麦当劳比萨、麦当劳低脂汉堡、麦当劳晚间汉堡这些延伸产品做过了头，几乎毫无战略。

- 约翰·斯卡利（John Sculley，苹果公司，1983～1993年在任）苹果公司的操作系统和个人电脑享有易于操作的特性，斯卡利没能最先抢占这个特性并让它最大化。他在推出新一代产品上行动缓慢，并在过于复杂的牛顿掌上电脑上下大赌注，结果失败了。他应该留在百事公司。

- 罗伯特·斯坦普尔（Robert Stempel，通用汽车，1990～1992年在任） 斯坦普尔接手的这家公司用相同定价和相似外观摧毁了原本差异化明确的各个品牌。他没有意识到这是失败的战略，结果很快被炒了鱿鱼。

错误的观点

那么怎样才能做好事情呢？《财富》杂志的文章说："人第一，战略第二。事实上，战略在其中的重要性不到一半。"

我们来谈谈这个错得离谱的观点。

无论如何要先有差异化概念，然后组织人员和工具实现它。

战略概念，即差异化概念，在全局中的重要性很容易占到一半比重，更不用说是更为重要的一半了。

如果缺乏一个强有力的概念，那么世上所有的激励和人力技术都是没用的。

这种文章的问题在于，《财富》杂志社让一些从事咨询业务的专家把不真实的东西作为案例。更糟的是，这篇文章让人想当然地以为自己的战略是无误的。

到底错在哪里

你很快就能看到发生了什么。这些 CEO 没有执行上的问题，他们的问题是"做什么和不做什么"。另外，他们很可能被很多高薪经理的出色的陈述和夸大的承诺误导了。

许多公司的问题通常出在高层主管不参加战略决策过程。当我们在数字设备公司提出"64位元战略"时,到处找不到帕尔默的影子。他没有参加战略会议,照理他应该参加,因为一位CEO必须弄懂战略是什么,如果他有意见的话,还必须在会议上说明他的意见是什么。

大多数的重大战略行动往往对老企业构成威胁,结果企业不愿意推动新概念。彼得·德鲁克把这种反应称为"在昨日的祭坛上扼杀了明天的机会"。

CEO为什么必须参与其中

企业的中层通常存在一些打"个人算盘"的人,他们非常努力地在一些事情上烙上自己的印记,这样有利于晋升。他们的决策标准不是基于公司利益,而是个人事业利益。

或者更糟的是,他们努力逃避那些可能让他们的事业陷入危险的错误。

我们曾经为一家公司制定了一套战略,从本质上来说,这套战略质疑了他们即将宣布销售的新一代电脑系统的努力。在会议结束时,一位执行官看着我的眼睛说:"两年前我需要你时,你在哪里?"(两年前这个错误决策被送到董事会那里获取最初认可。)

虽然这个执行官现在已经意识到那是个错误的决策,但他却不能承认错误有多么严重。从他的角度可以理解,但从公司角度看这是个悲剧,特别是想到竞争对手采用了相同的战略并用它建立了几十亿美元的业务时。

只有 CEO 处于改变计划的位置,可他却不在场。

"我是负责人"

你的经理或广告公司的"利己主义"可能是你遇到的另一个问题。会议桌上可能有一个"外部人士提出的"有趣概念,但是经理人和广告商可能不喜欢让外人指手画脚。他们自言自语地说:"毕竟,我是负责人,如果我采用其他人的想法,我的上级会不重视我。"

这可能是最难的处境。我们发现,这种人不是放弃"外部"的建议,而是把这些建议融入他个人的想法,结果修正后的战略变了味,就像改变了蛋糕的配方,看上去是一样,但它的味道肯定不一样。(广告公司特别擅长做这种修正。)

你提交战略的对象在组织中的职位越高,你遇到这种利己主义问题的可能性就越小。

做对的一位 CEO

莲花发展公司的前任 CEO 吉姆·曼齐也同样面临暗淡的将来。微软抢占了新一代的电子制表软件,使得莲花的 1-2-3 电子制表软件业务陷入困境,整个莲花公司因此陷入困境。

微软的 Excel 凭借它的 Windows 操作系统有很强的差异化。

曼齐参加各种会议,听取外部人士提出的概念,并且决定贯彻我们所提出的"群组软件战略",或者说电脑网络软件战略。他的差异化是第一个推出了 Notes 软件,这是第一个成功的群组软件。

经过 5 年的艰苦努力,投入 5 亿美元,吉姆·曼齐有了新的伟大产品和前进的动力。

后来 IBM 以 35 亿美元收购了莲花公司,每个人都高兴。正确的战略获得了回报。

最优秀的 CEO 自己做战略

当你研究成功案例时,你会发现最优秀的 CEO 都是自己做战略。西南航空公司毫无疑问是行业里最成功的航空公司,该公司 CEO 凯莱赫掌控全局,没有人比他在实施差异化上做得更出色。

杰克·韦尔奇当然不能通过参加各种会议和参与制定战略来运作通用电气那样规模的公司,但他的高层执行官们的任期出乎寻常的长,他们在各事业部的平均任期达 12 年之久,他相信他的高层会考虑清楚如何实施差异化。

棒约翰比萨的约翰亲自做战略,我们猜想微软的比尔·盖茨也是如此。我们还肯定马莎·斯图尔特在遇到法律问题前,也是在亲自掌管她的快速扩张的装饰和生活用品王国。这些年轻的创业家自己创办了企业,而且他们不放心把制定战略托付给中层执行官。(你能怪他们吗?)

芬兰的一个成功案例

1992年,41岁的乔马·奥利拉被任命为处于艰难境地中的芬兰诺基亚集团公司的总裁。他卖掉了这家老公司的大部分业务,如电脑、电缆和电视,将资源集中在移动通信上。他认为,做出一些舍弃,诺基亚才能获得领导地位。

他开始实施差异化。当数码通信标准在欧洲起步时,他准备好了易于使用的手机,该手机配备了非同寻常的注册了商标的屏幕。接着诺基亚又很快推出了新的特点,如更耐用、时尚的颜色,甚至针对市场定制手机(比如,亚洲市场的手机铃声更响,适应不同的通信标准以及提供语音识别)。

诺基亚很快在市场上建立了最先进手机的形象。(很棒的差异化。)现在,诺基亚是手机世界的领导品牌。(一个更棒的差异化。)

奥利拉让诺基亚与众不同。为了达到这个目的,他极力使公司以惊人的速度推出新款手机。他已经为"3G"(第三代)这个新的无线宽带技术铺设了基础设备。(第一代是模拟信号,第二代是数字信号。)

诺基亚在手机行业的领导地位仍将持续下去。奥利拉所做的一切都是正确的。

一位成功女士的观点

在杂志界没人能比蒂娜·布朗更好地实施差异化。她在

《名利场》杂志工作时,把杂志推向了顶峰。她在沉寂的《纽约客》杂志工作时,又创造了轰动。评论家和粉丝承认她能创造轰动,并把人们的注意力引到她的产品上来。

然而,真正打动我们的是《华尔街日报》报道的她对营销的五点经验[2]:

- 相信你的直觉。我会听取他人的意见,但我通常会回到我的直觉上,并设法回头思考我当初的想法。(她自己做战略。)
- 要拥有强烈的视觉识别,模仿别人不会对你有帮助。(你的产品应该与众不同。)
- 举办派对。杂志的首发需要所有能够获得的帮助。这个国家很大,你必须接触很多人。(你必须在心智中实施差异化。)
- 花钱有创造性。寻找新的人才,给你的产品换一个包装。如果你没有太多预算,你必须要有好的见解。(再次提出要差异化。)
- 换个方式利用你现有的人才。比如,对待作家,诀窍是发现什么东西能让他们有创作灵感。让他们感觉到他们能写以前无法写的题材。(又一次提出要差异化。)

这是一位非常成功的女士。显然她负责战略制定并深信要实施差异化。对一个杂志编辑而言,这个想法不错。她领悟到了。

1966年,彼得·德鲁克以一段文字定义了领导力:有效领导力的基础是要深入思考组织的使命,清晰、明确地定义和确立使命。

我们现在跨入了新世纪,进入残酷竞争的时代。我们只要对德鲁克的定义改一个词,就可以让它跟上时代,也就是变成:"有效领导力的基础是要深入思考组织的差异化,清晰、明确地定义和确立差异化。"

罗瑟·瑞夫斯应该会认同这个修正。

结　　语

我们又一次温习了差异化这个课题。亲爱的读者，希望你们已经收到了我的信息——战略是多么重要，而且你们也更好地理解了如何执行战略。

我们觉得必须给你们留下一段彼得·德鲁克的忠告，这位"管理咨询之父"在很多年前的一本书中写道：

> 由于企业的宗旨是创造顾客，所以企业有且只有两项职能：**营销和创新**。营销和创新产生经济成果，其他所有活动都是成本。营销是企业突出的特有职能。

可悲的是，这么多年来，德鲁克的建议一直被忽视或者从未被注意。CEO们在营销职能上投入的时间非常少，只有极少数人听了戴维·帕卡德（David Packard，惠普公司创办人）的建议："营销如此重要，绝不能全权放手给营销部门。"大多数CEO把营销授权下去，把精力放在德鲁克认为是成本的活动上，比如财务、组织、顾客、董事会、生产方面，等等。少之又少的CEO，比如苹果公司的史蒂夫·乔布斯这些例外，会花时间了解营销并积极参与。

若遵循德鲁克的建议，CEO应该是首席和顶级营销官。企业的高层必须参与到做正确的事上，要有效地为公司或产品实施差异化，并且要保卫差异化战略，使之不受到那些想要贴上个人印记的营销人员的破坏。

我们在全球讲授差异化时，碰到最多的提问是："我怎样才能让高层参与到实施差异化的过程中？有什么可以遵循的法门吗？"

我们只有一个回答："让他们读读这本书。"

注 释

第 1 章

1. Federal Reserve Bank of Dallas, 1998 annual report, pp.4-6.
2. Interview with the authors, March 29, 1999.
3. Barry Schwartz, *The Paradox of Choice* (New York: HarperCollins, 2004), p.13.
4. James Glieck, *Faster* (New York: Pantheon Books, 1999).

第 2 章

1. *Harvard Business Review* (March 2002).

第 3 章

1. Rosser Reeves, *Reality in Advertising* (New York: Knopf, 1960), pp.47-48.
2. "Creative Differences," *Advertising Age* (November 17, 1997): 1.

第 4 章

1. Interview with the authors, March 19, 1999.
2. Tara Parker-Pope, "Stopping Diaper Leaks Can Be Nasty Business, P&G Shows Its Rivals," *Wall Street Journal* (April 5, 1999).

3. "Differentiation or Salience," *Journal of Advertising Research* (November-December 1997): 7-14.
4. Robert McMath, *What Were They Thinking?* (New York: Times Business, 1998), p.86.
5. "Differentiation or Salience," op.cit.

第5章

1. Jan Berry, "Consumers Keep the Upper Hand," *American Demographics* (September 1998).
2. Christopher W.Hart and Michael D.Johnson, *Marketing Management* (Spring 1999).
3. Leonard Berry and A.Parasuramy, *Marketing Services* (New York: Free Press, 1991), p.137.
4. "The Return of Michael Porter," *Fortune* (February 1, 1999): 135-137.

第6章

1. "Ad Accountability," *Advertising Age* (March 22, 1999): 26.
2. "Speakers at Four A's Meeting Urge Agencies to Meet Competition from Management Consultants," *New York Times* (April 26, 1999).
3. Interview with the authors, March 29, 1999.
4. Sergio Zyman, *The End of Marketing as We Know It* (New York: Harper Business, 1999).

第7章

1. David Ogilvy, "Fiftieth Anniversary Luncheon Speech," Advertising

Research Foundation, New York City, March 18, 1986.
2. "Siberian Soft-Drink Queen Outmarkets Coke and Pepsi," *Wall Street Journal* (August 23, 1999).
3. David Cowan, "Free For All," *Wall Street Journal* (July 28, 1999).

第 10 章

1. Journal of Consumer Marketing.
2. "The Logic of Product Line Extension," *Harvard Business Review* (November-December 1994).

第 11 章

1. Frank Sulloway, *Bound to Rebel* (New York: Vintage Books, 1997).
2. "A New Brand of Bottled Water with a Twist," *New York Times* (June 3, 1999): C10.

第 13 章

1. Hans and Michael Eysenck, *Mindwatching* (London: Prion/Carlton Publishing, 1997).
2. "Ads Hit Target," *USA Today* (January 15, 1996): 6B.

第 14 章

1. Interview with the authors, March 29, 1999.
2. Ted Anthony, "In a Dizzying Market, America's Oldest Brands Court Continued Prosperity," *Associated Press Newswires* (March 22, 1999).
3. Ibid.
4. "DDB Worldwide Hopes to Build on the Legacy of 50 Years of

Industry Innovation," *New York Times* (June 1, 1999): C12.

5. "The Beauty of Global," Business Week (June 28, 1999): 70.

6. David Yale, *New York Times* (July 14, 1999).

第 15 章

1. Robert Kiener, "Hitting on All Cylinders," *Nation's Business* (June 1999): 57-58.

第 16 章

1. Robert Cialdini, "Influence: The Psychology of Persuasion" (William Morrow, 1993).

2. Randy Cohen, "Madison Avenue Medicine," *New York Times Magazine* (June 27, 1999): 20.

3. Stanley Resor, "The Spirit of Emulation," Printer's Ink (April 1929).

第 17 章

1. *Putting Patients First* (San Francisco, Jossey-Bass, 2003).

第 18 章

1. Clayton Christensen, *The Innovator's Dilemma: When New Technologies Cause Great Firms to Fail*.

2. "Nothing but Net," *Business Week* (August 2, 1999): 72.

第 19 章

1. "Critics Agree," *New York Times* (March 15, 1999): C14.

第 20 章

1. "Starbucks Holders Wake Up, Smell the Coffee, and Sell," *Wall*

Street Journal (July 2, 1999): B3.

第22章

1. "How McDonald's Tailors Its Brand Identity to Local Markets," *Campaign* (August 1997): 29.
2. "Brewing a Worldly Brand," *Andersen Consulting Outlook* (June 1999).
3. Bhavna Mistry, "On a Global Mission," *Marketing Event* (October 9, 1997): 41.

第23章

1. *Fortune* (September 20, 1999): 220

第26章

1. "Why CEOs Fail," *Fortune* (June 21, 1999): 69.
2. "Finding the Seduction Point," *Wall Street Journal* (July 26, 1999): 1.

译者后记

一次偶然的机会,我们在和机械工业出版社编辑的闲聊之中,得知他们拿到了 *Differentiate or Die: Survival in Our Era of Killer Competition*(2nd Edition)的中文版权,于是我们主动揽下了翻译的工作。因为作为杰克·特劳特先生在中国区的合伙人,我们很清楚这是一本非常重要的著作。如果我们的工作能让读者从本书中更清晰地领会特劳特先生的商业战略思想,那会是非常有意义和有价值的。

这里简单介绍一下特劳特先生的核心战略思想。特劳特先生于1969年开创了"定位"概念,提出企业必须让自己的品牌在消费者心智中做到与众不同,或者说在消费者心智中实施差异化。定位理论的出发点是,当时的美国已经进入了信息过度和竞争日趋残酷的时代,消费者面临的信息和产品选择实在太多,企业唯有让自己的品牌进入消费者的心智并占据一个独特的差异化定位,才能赢得顾客。定位观念一出,很快在美国商业界掀起了一股热潮,最初在广告界盛行,随后蔓延到营销界,乃至企业战略领域。1996年,哈佛大学教授迈克尔·波特发表了一篇被列为管理学史上奠基之作的论文——《什么是战略》,提出战略就是"形成一套独特的运营活动,创建一个价值独特的定位"。至此,定位的重要性在商业界形成了共识。关于定位的基础理论,读者可以读《定位》一书。

本书的直译名应当是《差异化或消亡》,由于先前已在国内出过一版,因此第 2 版仍保留第 1 版的《与众不同》的译名。特劳特先生的观点直截了当:企业要么让自己的品牌在顾客心智中实施差异化,做到与众不同,从而更好地满足顾客需求,要么就面临因无法赢得顾客而逐渐消亡的惨淡结局。本书对于现在的中国企业尤为重要。中国改革开放 40 余年,经济发展迅速,中国企业已经步入大竞争时代。食品、饮料、家电、服装,几乎每一个产品品类,中国消费者的选择都实在是过于丰富了。他们需要这么多选择吗?显然不需要,事实上消费者的心智根本应付不了每一个产品品类,他们只需要少数几个选择就已足够。随着空白市场的减少,企业间充分竞争的局面正逐渐展现,前期得以生存甚至一度风光无限的企业正暴露危机。在这场必定越演越烈的竞争淘汰赛中,很多中国企业正面临生死抉择:要么差异化生存,要么没有差异化而消亡。

差异化的概念在中国盛行已久,然而正如特劳特先生在书中指出的,企业要么不知道差异化应当在消费者心智中进行,要么不知道该如何实施差异化,中国企业对于差异化的认识也是模糊不清的,甚至有些企业误入歧途。本书可以说是第一本真正讲差异化的书。《定位》成书于 1981 年,阐述了定位的原理。本书则晚了近 20 年,第 1 版成书于 2000 年,特劳特先生总结了 30 年的定位实践,在书中提供了 9 种具体的定位方法,分别是成为第一、拥有特性、领导地位、经典、市场专长、最受青睐、制造方法、新一代产品和热销,并否定了那些企业热衷但不可能实现差异化的做法。在第 2 版中,特劳特先生更是根据当时最新的商业发展进行了诸多案例修订和增补,并且新增了三章,分别论述了产品品类货品化的不利趋势、口碑营销的本质,以及差异化在商业领域之外的应用。无论读者是否读过第 1 版,第 2 版都值得细细品读。

本人并非翻译方面的专家,文字能力有限,但力求做到专业上的准确性。文字上若有不妥之处,望读者见谅。

火华强